跟着游戏学

››› 魔方 ‹‹‹

玩转三阶、花式、盲拧

一切缘于一个**想象**

魔方是**灵动**的

它的每个**面**都是

精灵的化身

而我们要做的就是

帮助精灵回家

林小英　方炜霞　著

浙江大学出版社
·杭州·

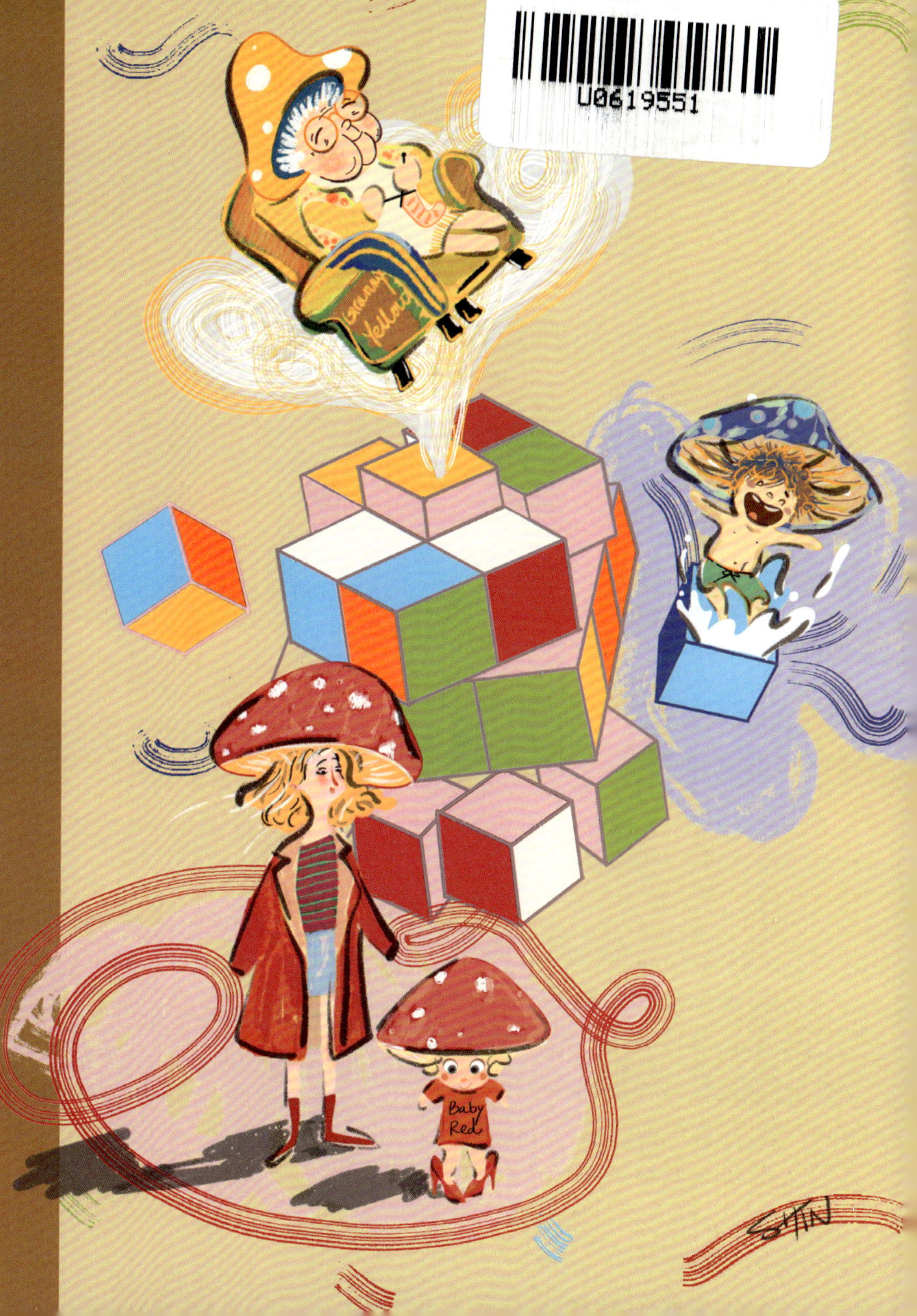

图书在版编目（CIP）数据

跟着游戏学魔方：玩转三阶、花式、盲拧 / 林小英，方炜霞著. —杭州：浙江大学出版社，2023.9
ISBN 978-7-308-24136-6

Ⅰ. ①跟… Ⅱ. ①林… ②方… Ⅲ. ①智力游戏 Ⅳ. ①G898.2

中国国家版本馆CIP数据核字(2023)第163778号

跟着游戏学魔方：玩转三阶、花式、盲拧
林小英　方炜霞　著

责任编辑　肖　冰　周　宁
文字编辑　逯诗桐
责任校对　汪淑芳
封面设计　林智广告
插画设计　刘欣颖
出版发行　浙江大学出版社
（杭州市天目山路148号　邮政编码　310007）
（网址：http://www.zjupress.com）
排　　版　杭州林智广告有限公司
印　　刷　杭州捷派印务有限公司
开　　本　880mm×1230mm　1/24
印　　张　6.5
字　　数　169千
版 印 次　2023年9月第1版　2023年9月第1次印刷
书　　号　ISBN 978-7-308-24136-6
定　　价　68.00元

无公式趣学三阶魔方

内容特色： 8关复原三阶魔方，将复原过程转化成魔方精灵回家游戏，图文并茂地详解复原过程，教学视频由6位初学魔方的小朋友分享。
推荐理由： 趣味性强，简单易学，且学会就能分享。

有魔法秒学二阶魔方

内容特色： 3关复原二阶魔方，通过与三阶魔方的图文对比，秒学二阶魔方。
推荐理由： 为读者提供了三阶异形魔方的复原思路，易于激发持续性学习兴趣。

学公式炫花式

内容特色： 利用练花式熟悉魔方转动符号，复原公式有助于理解顺逆原理，为盲拧打基础。
推荐理由： 用12个花式提升学习魔方符号的趣味性，组合花式为读者提供创造花式的灵感。

二阶魔方盲拧

内容特色： 通过平面上的“宝宝”归位游戏浅显易懂地呈现盲拧原理，自然过渡到立体空间的“宝宝”归位游戏，即二阶盲拧。学会二阶盲拧即学会三阶盲拧角块的复原。
推荐理由： 全程可跟着16个游戏实例进行操作，实现无障碍学习盲拧。

三阶魔方盲拧

内容特色： 角块和棱块的步骤码采用字母和数字进行区分，便于记忆。运用了步骤码为奇数的处理技巧，减少了复原公式，无需奇偶校验。
推荐理由： 全程可跟着12个游戏实例进行操作，其中5个游戏与二阶盲拧相呼应。

魔数灵感

内容特色： 精选了15道具有魔方元素的数学题融入各章节中。
推荐理由： 玩中学数学，为读者利用魔方教具进行教学提供了参考，体现了“玩中学”的理念。

目录
CONTENTS

contents

跟着游戏学魔方

三阶魔方家庭成员

三阶魔方由一个中心轴和26个小块组成。26个小块分为中心块、棱块和角块三种类型。

中心块——一个“奶奶”

只有一个色面露在外面的块称为中心块。中心块上住着一个精灵奶奶，这个色面就是精灵奶奶的化身，黄色的面称为“黄奶奶”，红色的面称为“红奶奶”，以此类推，三阶魔方一共有6个中心块。

中心轴连接着中心块，因此“奶奶”的位置相对固定。复原后每一面的颜色和“奶奶”同色，因此“黄奶奶”所在的面也称为“黄色面”或“黄家”，“白奶奶”所在的面也称为“白色面”或“白家”，以此类推。

“奶奶”是每一面的旋转中心。

“白家”

“黄家”

中心轴与中心块

魔法问答

QUESTION

我们让“白奶奶”朝下，“红奶奶”面对我们，上面的中心一定是“______奶奶”，左面的中心一定是“______奶奶”，右面的中心是“______奶奶”，后面的中心是“______奶奶”。

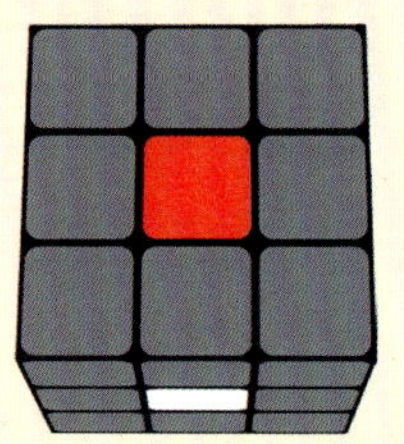

ANSWER

答案依次为：黄、蓝、绿、橙。

颜色的规律：白对黄、红对橙、蓝对绿。

棱块——两个“妈妈”

有两个色面露在外面的块称为棱块。棱块上住着两个精灵妈妈，这两个色面就是精灵妈妈的化身。三阶魔方一共有12个棱块。

例如，左图中的棱块上有“黄妈妈”和“红妈妈”，因此，“黄红棱块”也称为“黄红妈妈”。

“妈妈”喜欢去别家串门，经常被“奶奶”喊回家。回家后发现自家“宝宝”不在，赶紧出去找“宝宝”。

如果棱块上只有一个“妈妈”回家，棱块的位置就不正确。只有棱块上的两个“妈妈”同时回家，棱块的位置才算正确。

魔法问答

QUESTION Q

用一个复原的魔方，让“黄奶奶”朝上，观察一下魔方，上层有哪些棱块？中层有哪些棱块？下层有哪些棱块？再指出其各有什么特征。

ANSWER A

上层有黄红、黄蓝、黄橙、黄绿4个棱块，特征是都含有“黄妈妈”。

中层有红蓝、蓝橙、橙绿、绿红4个棱块，特征是不含“黄妈妈”和“白妈妈”，统称“中层妈妈”。

下层有白红、白蓝、白橙、白绿4个棱块，特征是都含有“白妈妈”。

角块——三个“宝宝”

有三个色面露在外面的块称为角块。角块上住着三个精灵宝宝，这三个色面就是精灵宝宝的化身。三阶魔方一共有8个角块。

例如，右图中的角块上有“黄宝宝”“蓝宝宝”和“红宝宝”，因此黄红蓝角块也称为“黄红蓝宝宝”。

“宝宝”总喜欢跑来跑去玩，经常要让“妈妈”去接回家。

如果角块上只有一个“宝宝”回家，角块的位置就不正确。只有角块上三个“宝宝”同时回家，角块的位置才算正确。

魔法问答

用一个复原的魔方，让“黄奶奶”朝上，观察一下魔方，上层有哪些角块？下层有哪些角块？再指出其各有什么特征。

上层有黄红蓝、黄蓝橙、黄橙绿、黄绿红角块，特征是均含有“黄宝宝”。

下层有白蓝红、白橙蓝、白绿橙、白红绿角块，特征是均含有“白宝宝”。

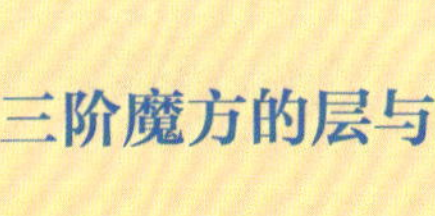

三阶魔方的层与面

在三阶魔方的复原过程中，我们经常会用到层与面的概念，本书采用的复原方法是层先法，即按层的顺序复原。

层

从上下维度看，三阶魔方分为上层、中层和下层。

上层

中层

下层

面对我们的那一层称为前层，后面层称为后层，左边层称为左层，右边层称为右层。

前层

后层

左层

右层

从前后和左右的维度来看，都会有中层，因为在本节没有涉及这两个维度的中层，所以这里只介绍上下维度的中层。

面

朝上的面称为顶面，朝下的面称为底面，其余四个面称为侧面。

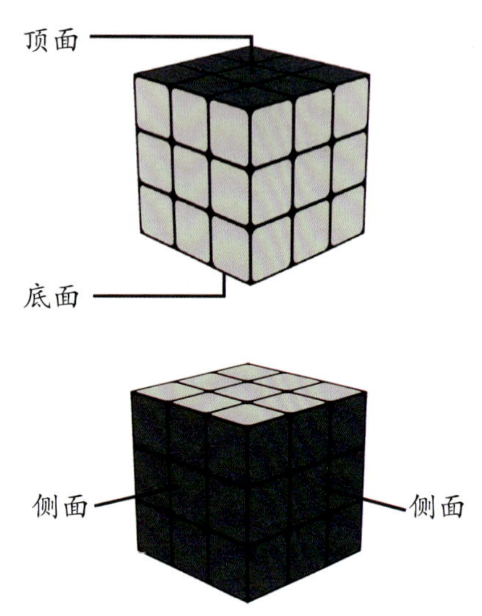

上层包含了顶面和上层侧面，下层包含了底面和下层侧面，中层只有侧面。上层侧面和下层侧面如下图：

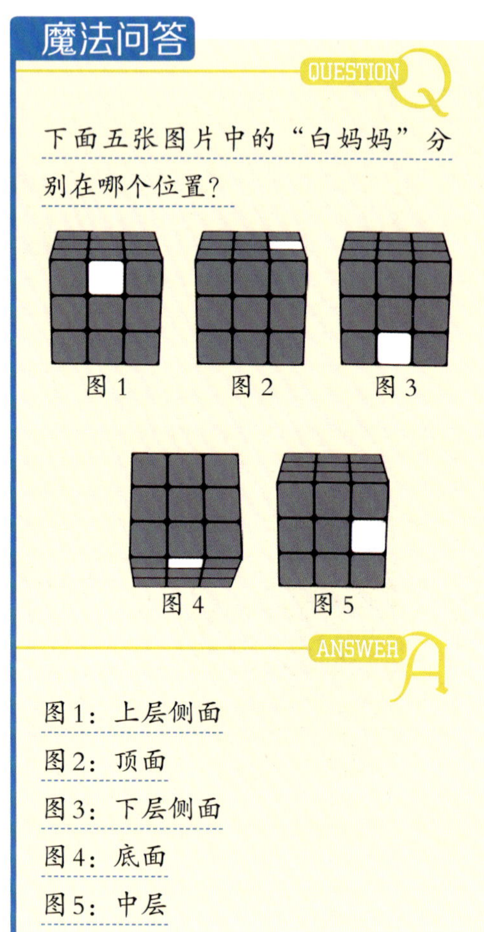

三阶魔方的握法与手法

钢琴家的手使琴键飞舞，魔方高手的手让魔方飞转，他们完美的呈现均离不开规范的练习。玩转魔方的手法会影响转动的速度，故而我们在学习魔方之初务必要养成良好的习惯。

扫码进入视频学习

握法与手法要点

左手大拇指按住前面左下中心，左手食指、中指、无名指自然地依次放在背面三层对应位置，小拇指自然放在后面或轻托住底面，右手的握法是左手的镜面状态。

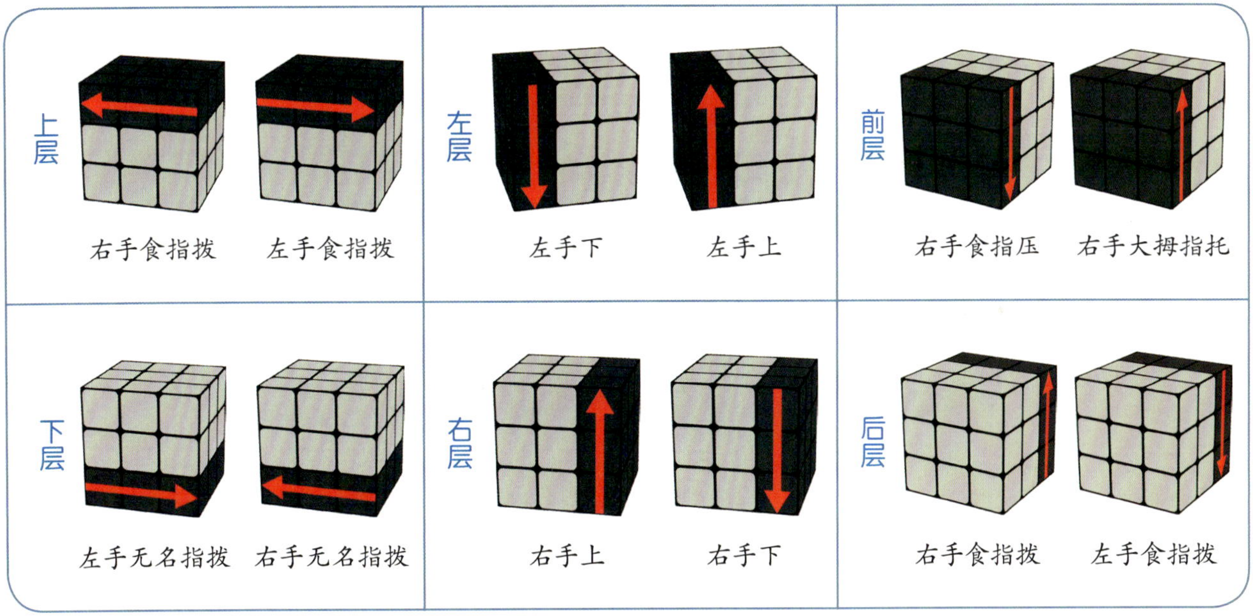

层	手法	手法
上层	右手食指拨	左手食指拨
左层	左手下	左手上
前层	右手食指压	右手大拇指托
下层	左手无名指拨	右手无名指拨
右层	右手上	右手下
后层	右手食指拨	左手食指拨

闯关热身

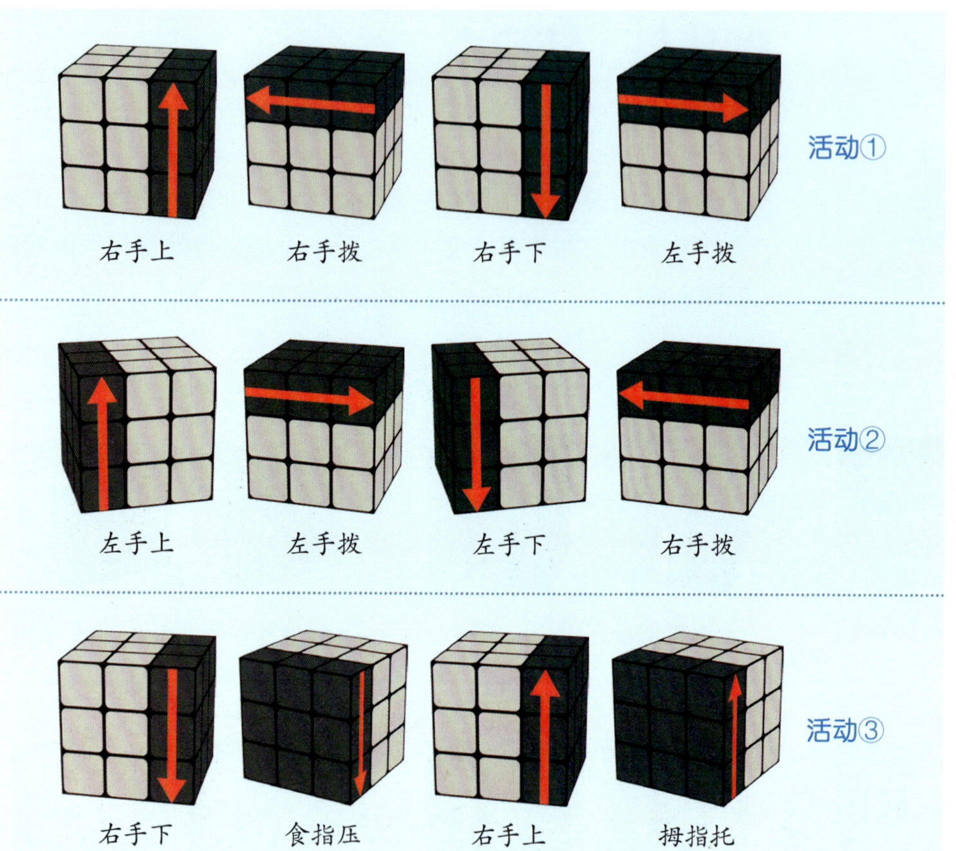

热身攻略

这三组闯关热身活动是由最常用的几个转动手法组合而成的，非常适合手法练习。

热身攻略：

❶ 每组热身活动共四个动作，用一个复原的魔方连做六次，你会有惊喜哦。

❷ 热身活动②是热身活动①的对称玩法，你发现了吗？

RUBIK'S CUBE

三阶魔方大闯关

8 关复原三阶魔方

第 1 关 >>>>>>>>>>>>>>>>>>>> 第 2 关 >>>>>>>>>>>>>>>>>>>> 第 3 关 >>>>>>>>>>>>>>>>>>>> 第 4 关

第 5 关 >>>>>>>>>>>>>>>>>>>> 第 6 关 >>>>>>>>>>>>>>>>>>>> 第 7 关 >>>>>>>>>>>>>>>>>>>> 第 8 关

四个“白妈妈”到“黄家”做客

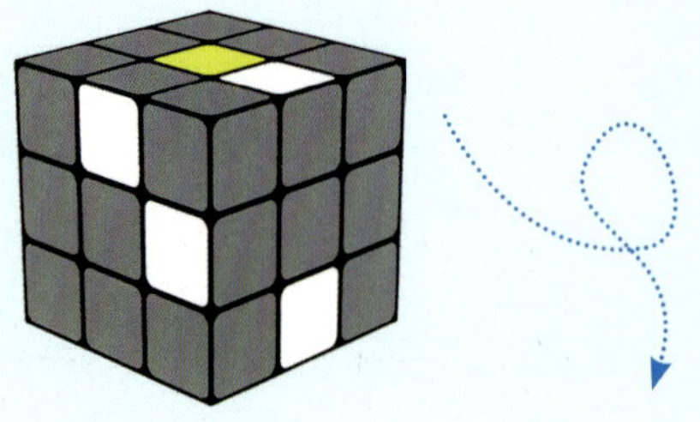

“白妈妈”位置不正确的情况有三种

①“白妈妈”在中层

②“白妈妈”在上层侧面

③“白妈妈”在下层

请按这三种情况的先后顺序来操作

扫码进入视频学习

魔法攻略

“黄奶奶”朝上

❶ 始终保持“黄奶奶”朝上，“白奶奶”朝下。可以将整个魔方左右移动查看，不要将魔方上下翻动。

❷ 示意图中灰色部分可以是任意颜色，无需关注。

❸ 下面图示中的大图为转法图，小图为转动后的效果示意图。

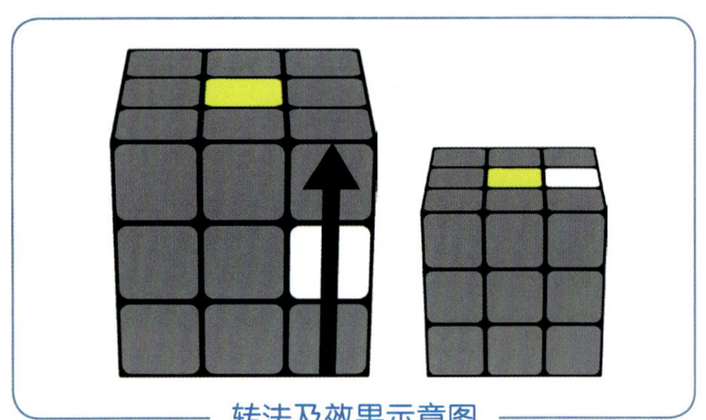

转法及效果示意图

转动魔方之前别忘记让魔方保持“黄奶奶”朝上哦！

情况① “白妈妈”在中层

先在中层找“白妈妈”，如果中层没有“白妈妈”，则跳过此步。

找到“白妈妈”后，让“白妈妈”面对我们，“白妈妈”可能在左边也可能在右边。

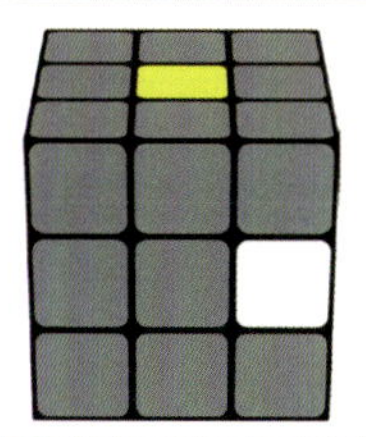

若中层的“白妈妈”对应的目标位置（标爱心处）没有“白妈妈”，直接转上去即可。

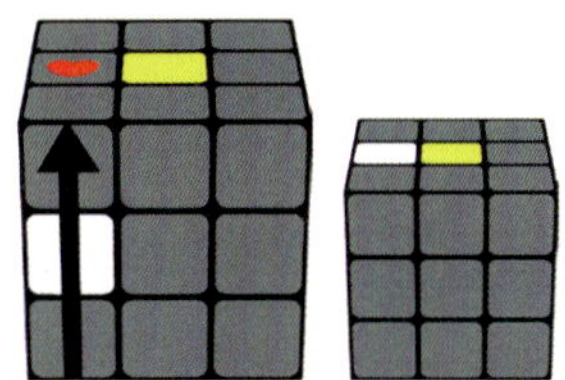

将“白妈妈”直接转上去

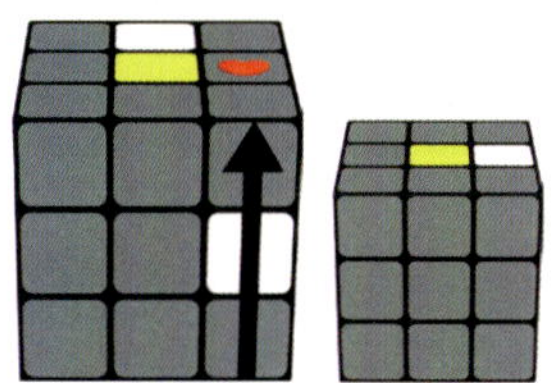

将“白妈妈”直接转上去

若中层的“白妈妈”对应的目标位置已经有另一个“白妈妈”。

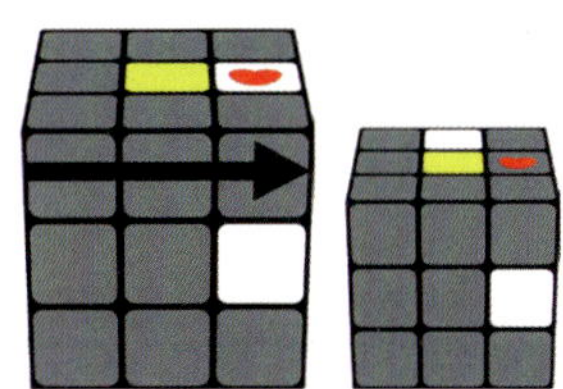

1 转动上层，让对应的目标位置不是“白妈妈”

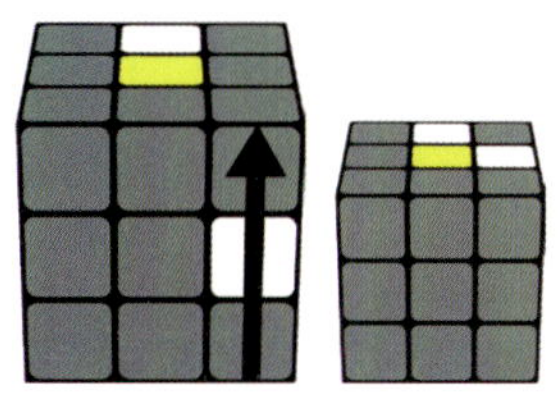

2 将中层的“白妈妈”转上去

情况②“白妈妈”在上层侧面

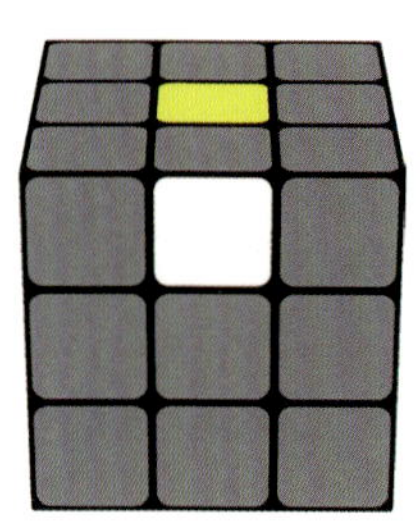

中层所有的“白妈妈”都转到顶面后，保持“黄奶奶”朝上，转动上层，观察上层侧面有没有“白妈妈”。

若有，则让上层侧面的“白妈妈”面对我们，转动前层使“白妈妈”到中层。

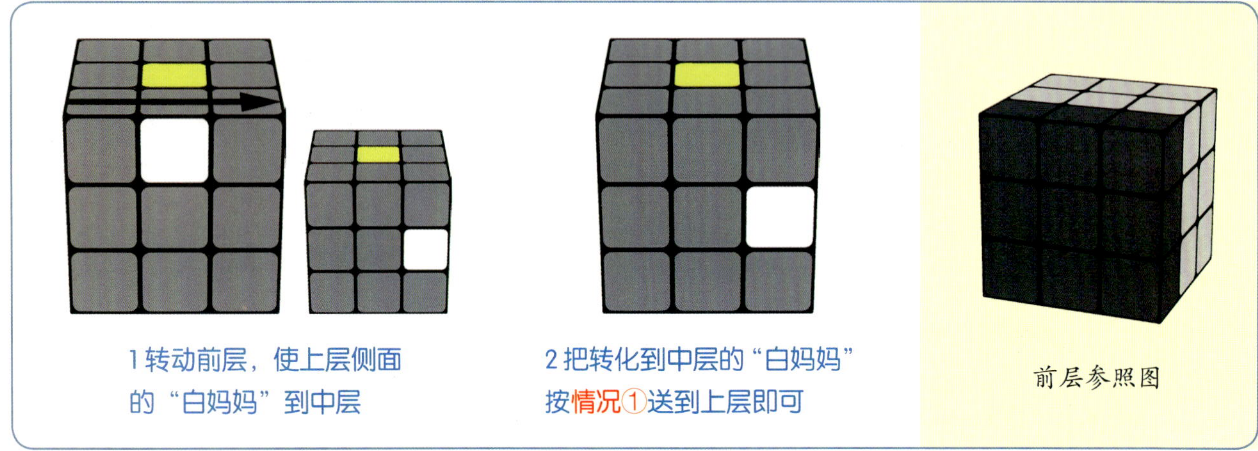

1 转动前层，使上层侧面的“白妈妈”到中层

2 把转化到中层的“白妈妈”按情况①送到上层即可

前层参照图

再次观察中层有没有出现“白妈妈”，如有，按情况①操作。

魔法解读

QUESTION 为什么情况②完成后需要再次观察中层有没有出现“白妈妈”，中层的“白妈妈”不是已经都到顶面了吗？

ANSWER 因为在转动的过程中，棱块的位置会变动，下层的棱块可能会被转动到中层。

情况③ “白妈妈”在下层

保持“黄奶奶”朝上，把魔方举高查看下层“白妈妈”的位置。

“白妈妈”可能在下层侧面，也可能在下层底面。

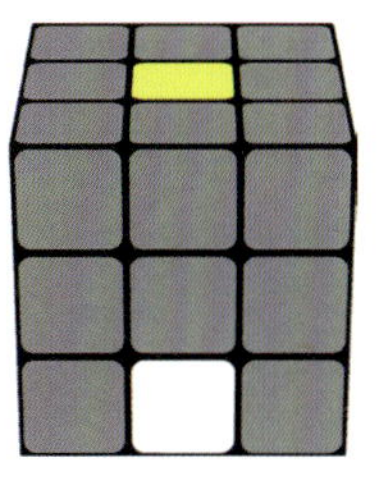

“白妈妈”在下层侧面

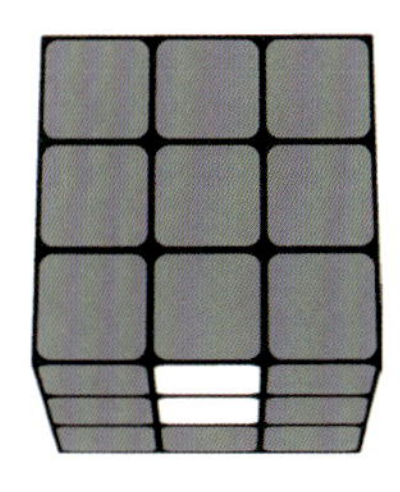

“白妈妈”在下层底面

“白妈妈”在下层侧面

1 转动下层让“白妈妈”到右边

2 转动上层让右层顶面（标爱心处）不是“白妈妈”

3 转动右层把“白妈妈”送到中层

“白妈妈”在下层底面

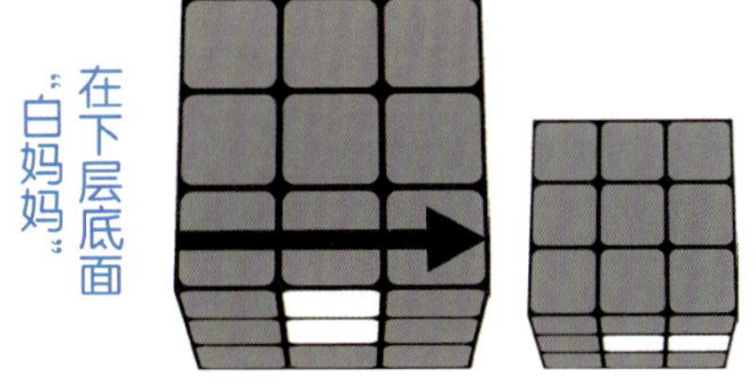

1 转动下层让“白妈妈”到右边

2 转动上层让右层顶面（标爱心处）不是“白妈妈”

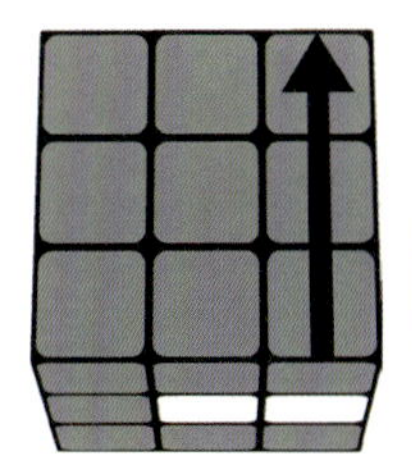

3 转动右层把“白妈妈”送到中层

下层“白妈妈”被转化为中层“白妈妈”后，按情况①把中层“白妈妈”转到上层即可。这样四个“白妈妈”在“黄奶奶”家相聚啦，恭喜你顺利通过了第1关！

“白妈妈”和好朋友回家

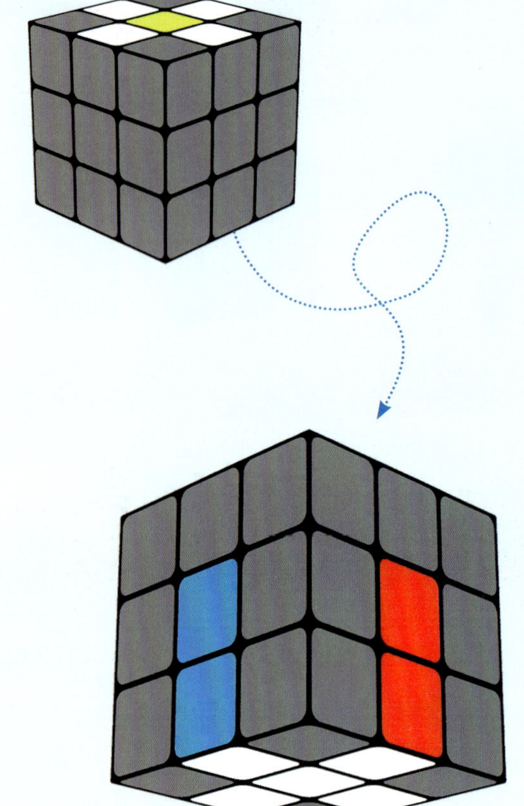

扫码进入视频学习

魔法攻略

练熟第1关

1. 请先将第1关练熟后再进入第2关。

2. 始终保持“黄奶奶”朝上，“白奶奶”朝下。

3. 可以将整个魔方左右移动查看，不要将魔方上下翻动。

绕中心 180°

“白红妈妈”回家

1 找到“白红妈妈”

2 转动上层使“红妈妈”到“红奶奶”身边

3 以“红奶奶”为旋转中心，旋转 180° 让“白妈妈”回家，此时“白红妈妈”位置正确

“白蓝妈妈”回家

1 找到“白蓝妈妈”

2 转动上层使“蓝妈妈”到“蓝奶奶”身边

3 以“蓝奶奶”为旋转中心，旋转 180° 让“白妈妈”回家，此时“白蓝妈妈”位置正确

用同样的方法将“白绿妈妈”和“白橙妈妈”送回家。

“白宝宝”和好朋友回家

“白宝宝”位置不正确的情况有三种

①“白宝宝”在上层侧面

②“白宝宝”朝上

③“白宝宝”在下层

请按这三种情况的先后顺序来操作

扫码进入视频学习

魔法攻略

练熟前两关

❶ 请练熟第1、2关后再进入第3关。

❷ 继续保持“黄奶奶”朝上。

❸“白宝宝”位置一定要放正确。

❹ 本关各种情况都以“白蓝红宝宝”为例，其他“白宝宝”回家方法相同。

位置一定要放正确

情况① “白宝宝”在上层侧面

我们先在上层侧面寻找“白宝宝”，位置放正确后让“白宝宝”面对我们，此时它有可能在左边，也有可能在右边（如右图所示）。

下面以“白蓝红宝宝”为例，分两种情况进行演示：

“白宝宝”在左边

1 先在上层侧面找“白宝宝”

2 观察这个角块上其他两个“宝宝”的颜色，图例中为“蓝宝宝”和“红宝宝”

3 转动上层让“白蓝红宝宝”到“蓝奶奶”和“红奶奶”的中上方

4 整体转动魔方，让“白宝宝”面对我们，此时“白宝宝”在左边

5 “白宝宝”跑右边玩

（左手拨）

6 左边“白妈妈”上来接“白宝宝”

（左手上）

7 “白宝宝”回到“白妈妈”身边

（右手拨）

8 “白妈妈”和“白宝宝”一起回家

（左手下）

魔法解读

1～4 步的目标是放对位置，“白蓝红宝宝”必须放在“蓝奶奶”和“红奶奶”的中上方，“白宝宝”面对我们，再做 5～8 步的游戏。

“白宝宝”在右边

1 先在上层侧面找“白宝宝”

2 观察这个角块上其他两个“宝宝”的颜色，图例中为“蓝宝宝”和“红宝宝”

3 转动上层让“白蓝红宝宝”到“蓝奶奶”和“红奶奶”的中上方

4 整体转动魔方，让“白宝宝”面对我们，此时“白宝宝”在右边

5“白宝宝”跑左边玩

（右手拨）

6 右边“白妈妈”上来接“白宝宝”

（右手上）

7 “白宝宝”回到“白妈妈”身边

（左手拨）

8 “白妈妈”和“白宝宝”一起回家

（右手下）

魔法解读

初学者在“白宝宝”回家时需特别注意：

“白宝宝”的位置要放正确，以“白绿橙宝宝”为例：

第5步，如果“白宝宝”在左边就往右边跑，如果“白宝宝”在右边就往左边跑。

情况② “白宝宝”朝上

1 转动上层让“白蓝红宝宝”到“蓝奶奶”和“红奶奶”的中上方，整体如图放置

（右手拨）

2“白妈妈”上去追“白宝宝”

（右手上）

3“白宝宝”连跑两步

（上层转 180°）

4“白妈妈”先回家

（右手下）

这时，原来朝上的“白宝宝”已经在上层侧面，按情况①操作即可。

情况③ “白宝宝”在下层

“白宝宝”在下层的朝向有三种，下一页会详细解读。下面以“白宝宝”朝下为例：

1 整体转动魔方把“白蓝红宝宝”置于右下角

（整体转）

2“白妈妈”送“白宝宝”到上层

（右手上）

3“白宝宝”跑开一步（可以选择往左跑或往右跑）

（右手拨或左手拨）

4“白妈妈”先回家

（右手下）

这时，原来在下层的“白宝宝”已经在上层侧面，按情况①操作即可。

魔法解读

情况③“白妈妈”送“白宝宝”到上层，“白宝宝”跑开一步时，选择左手拨还是右手拨需要看具体情况，若拨的方向正确，“白妈妈”回家的时候就可以使“白宝宝”直接在上层侧面。

下面展示“白宝宝”在下层的三种情况，其它步骤完全相同，仅在拨的方向有所不同。三种情况下的“白宝宝”都可直接转化到上层侧面。

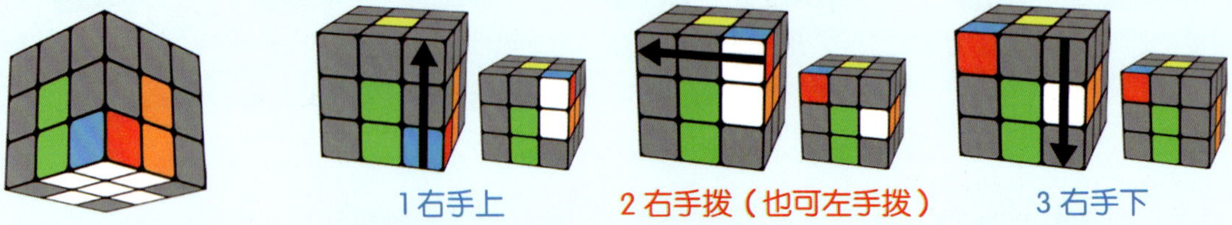
1右手上
2右手拨（也可左手拨）
3右手下

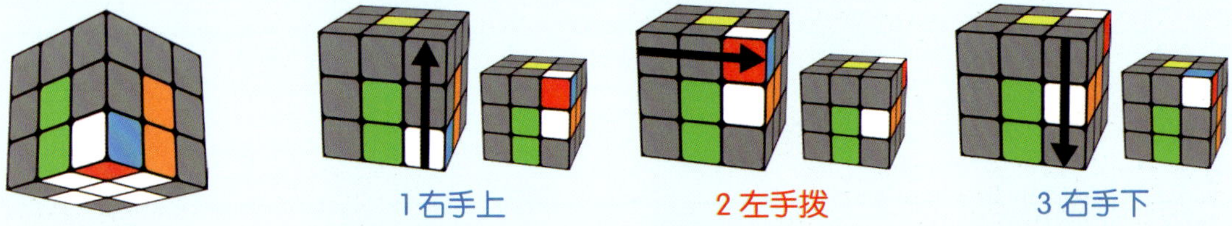
1右手上
2左手拨
3右手下

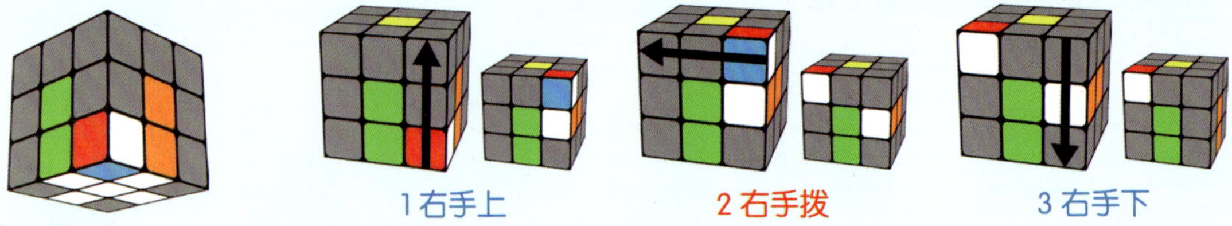
1右手上
2右手拨
3右手下

按“白宝宝”回家的三种情况将所有“白宝宝”送回家后，下层底面和侧面都复原，这一关就完成了。

Congratulations to you
恭喜过关

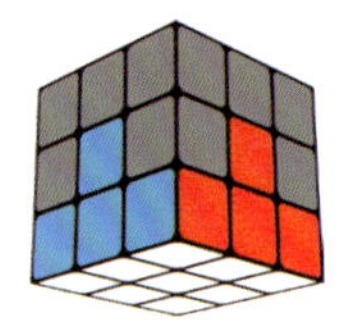

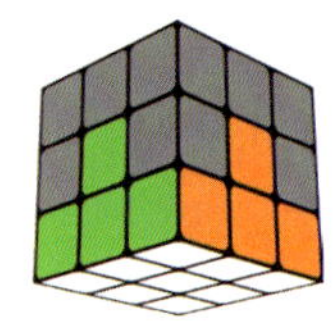

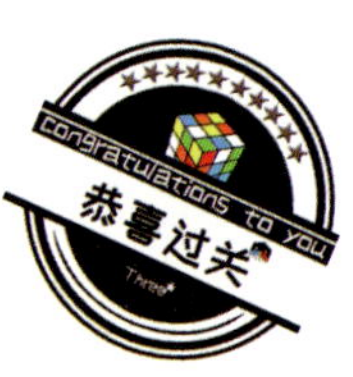

“中层妈妈”回家

扫码进入视频学习

“中层妈妈”位置不正确的情况有两种

①“中层妈妈”在上层

②“中层妈妈”在中层

请按这两种情况的先后顺序来操作

魔法攻略

1. 请练熟前3关后再进入第4关。
2. 继续保持“黄奶奶”朝上。
3. 情况①中最重要的是将位置形成倒“T”字，然后再按要求做游戏。

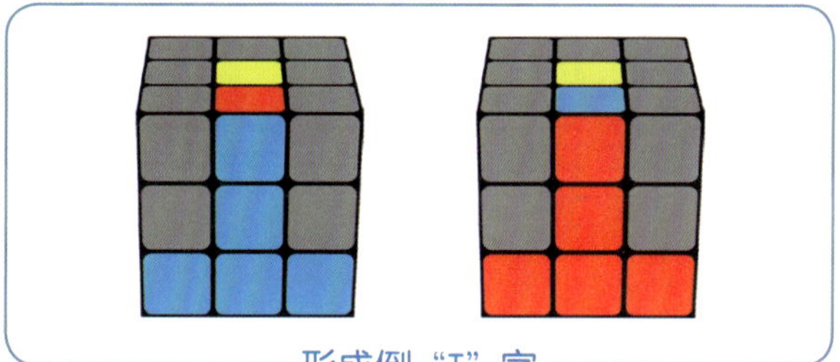
形成倒“T”字

4. 情况② 位置放正确后，做远离右边游戏。

情况 ② 位置要求

中层棱块一共有4个，每个棱块上有两个“妈妈”，分别为“蓝红妈妈”“红绿妈妈”“绿橙妈妈”和“橙蓝妈妈”。

情况①“中层妈妈”在上层

我们先在上层找中层棱块，其特征是不含“黄妈妈”。下面以“蓝红妈妈”的两种情况为例：“蓝红妈妈”在上层时，有可能是“蓝妈妈”在顶面，也可能是“红妈妈”在顶面（如右图所示）。

位置要求：转动上层使“蓝红妈妈”中处于上层侧面的“妈妈”回到“奶奶”身边。如下图“蓝妈妈”回到“蓝奶奶”身边，“红妈妈”回到“红奶奶”身边，形成了倒置的“T”字。

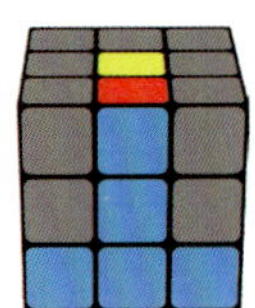

“蓝妈妈”对齐“蓝奶奶”

“红妈妈”对齐“红奶奶”

让倒“T”字正对我们，观察“蓝红妈妈”中处于顶面的“妈妈”的家在哪个方向。如下面图示，左图顶面“红妈妈”的家在右边，做远离右边游戏；右图顶面“蓝妈妈”的家在左边，做远离左边游戏。

做P23远离右边游戏

做P24远离左边游戏

情况②“中层妈妈”在中层

情况②出现的概率较低。右图中的“红绿妈妈”和“蓝红妈妈”虽然在中层，但是位置不正确，遇到这种情况怎么办？

整体转动魔方，将错误的“中层妈妈”置于右边（如下图），做远离右边游戏，做完游戏后，它就会从中层错误的位置送到上层，按情况①操作即可。

远离右边游戏

游戏："中层妈妈"回家（远离右边）

1 上面的"红妈妈"远离家（"红奶奶"家）
（右手拨）

2 "红奶奶"派三白上来追"红妈妈"
（右手上）

3 "红蓝妈妈"赶紧回到前面
（左手拨）

4 下面两白先回家，有一个"白宝宝"落在上层
（右手下）

5 整体转动魔方，让"白宝宝"面对我们
（整体转）

6 "白宝宝"跑对面（右边）玩
（左手拨）

7 左边"白妈妈"上来追"白宝宝"
（左手上）

8 "白宝宝"回到"白妈妈"身边
（右手拨）

9 "白妈妈"和"白宝宝"一起回家
（左手下）

魔法解读

第 5～9 步就是第 3 关"白宝宝"回家的步骤。

游戏："中层妈妈"回家（远离左边）

1 上面的"蓝妈妈"远离家（"蓝奶奶"家）
（左手拨）

2"蓝奶奶"派三白上来追"蓝妈妈"
（左手上）

3"蓝红妈妈"赶紧回到前面
（右手拨）

4 下面两白先回家，有一个"白宝宝"落在上层
（左手下）

5 整体转动魔方，让"白宝宝"面对我们
（整体转）

6"白宝宝"跑对面（左边）玩
（右手拨）

7 右边"白妈妈"上来追"白宝宝"
（右手上）

8"白宝宝"回到"白妈妈"身边
（左手拨）

9"白妈妈"和"白宝宝"一起回家
（右手下）

位置放正确后，按要求做"中层妈妈"回家游戏，将所有"中层妈妈"送回家，即可成功复原中层。

"黄妈妈"回家

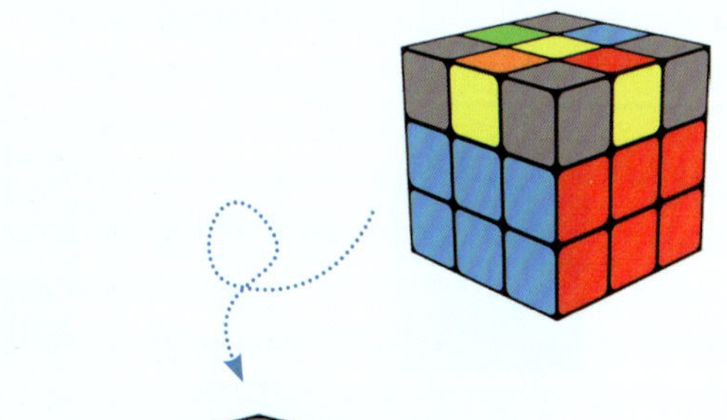

顶面"黄妈妈"位置不正确的情况有三种

① 没有"黄妈妈"在家

② 两个"黄妈妈"相邻

③ 两个"黄妈妈"相对

扫码进入视频学习

魔法攻略

"黄奶奶"朝上

❶ 请练熟前4关后再进入第5关。

❷ 继续保持"黄奶奶"朝上。

❸ 这一关最重要的是将位置放正确，然后再开始游戏。

❹ 游戏开始后，保持魔方整体不动。

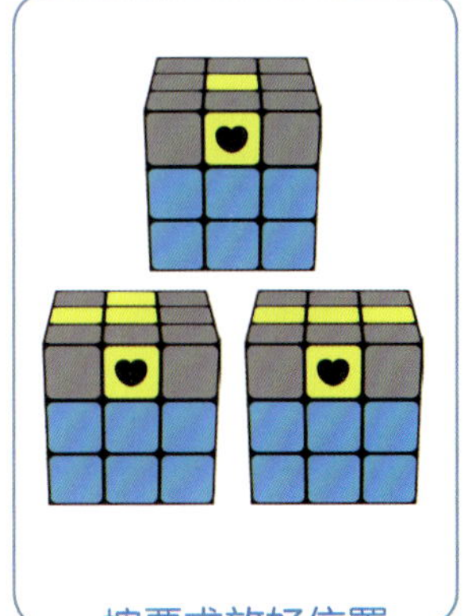

按要求放好位置

在这一关中，一定要将位置放正确，然后按要求做“黄妈妈”回家游戏，即可让所有“黄妈妈”回家。具体位置要求如下：

情况① 没有“黄妈妈”在家

顶面没有“黄妈妈”，让任意一个上层侧面的“黄妈妈”（爱心标注，后面简称“爱心黄妈妈”）对着我们。

完成“黄妈妈”回家游戏后，情况①就会转化成情况②。

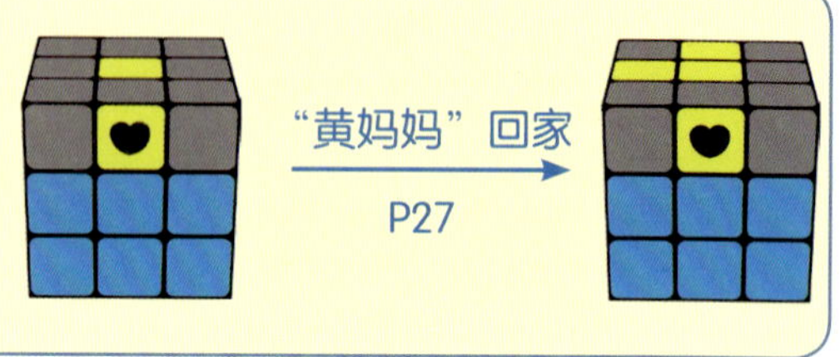

情况② 两个“黄妈妈”相邻

顶面的两个“黄妈妈”相邻，则一个放左一个放后，此时侧面有“爱心黄妈妈”对着我们。

完成“黄妈妈”回家游戏后，情况②就会转化成情况③。

情况③ 两个“黄妈妈”相对

顶面的两个“黄妈妈”相对，则一个放左一个放右，此时侧面有“爱心黄妈妈”对着我们。

完成“黄妈妈”回家游戏后，“黄妈妈”就会全部在顶面。

如果遇到四个“黄妈妈”都在顶面，你可以闯下一关啦！

位置放正确后，保持魔方整体不动，做“黄妈妈”回家游戏。下面的游戏图示是以情况①（没有“黄妈妈”在家）为例进行演示的。

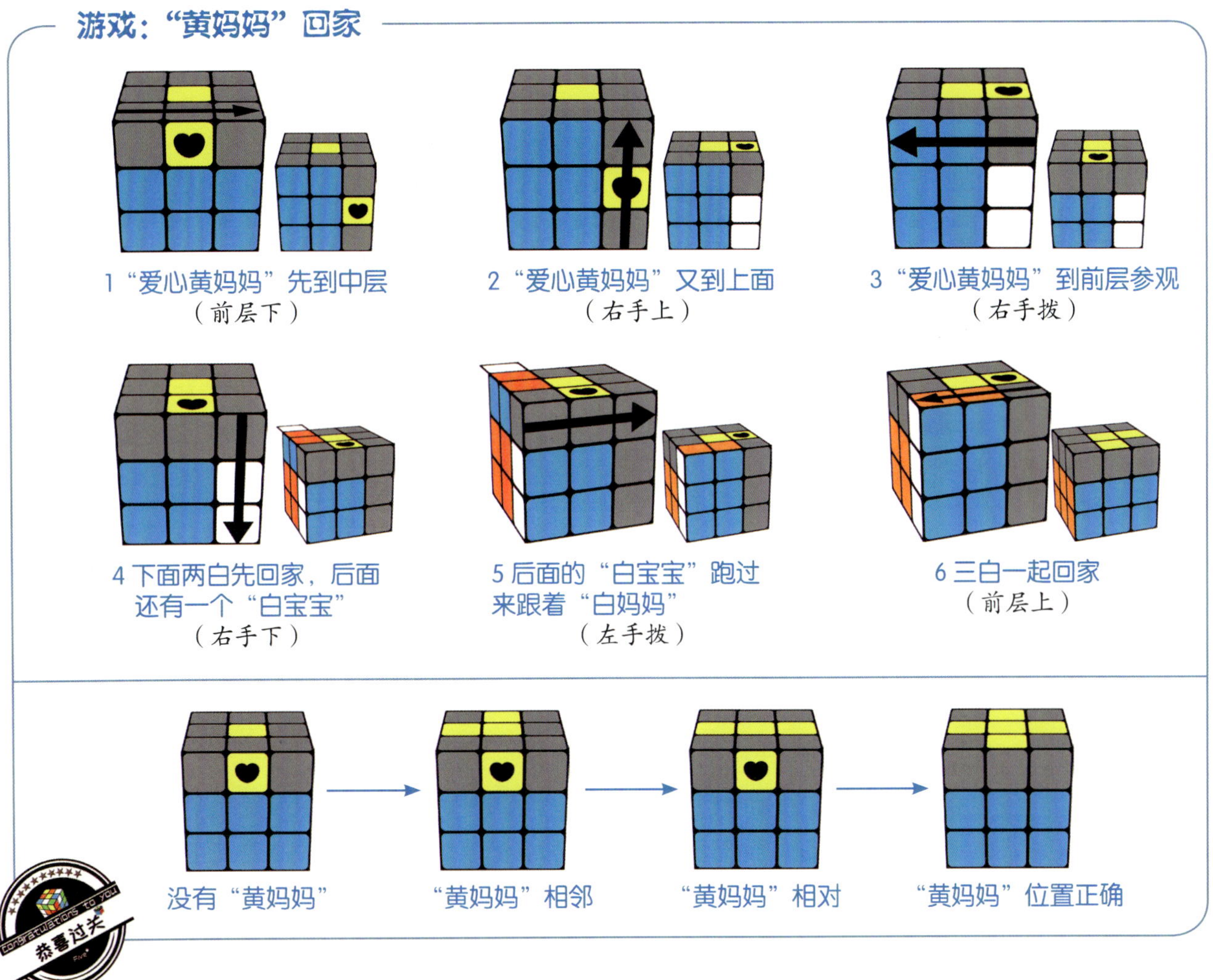

“黄宝宝”回家

“黄宝宝”位置不正确的情况有三种

① 一个“黄宝宝”在家

② 两个“黄宝宝”在家

③ 没有“黄宝宝”在家

扫码进入视频学习

魔法攻略

按要求放好位置

❶ 继续保持“黄奶奶”朝上。

❷ 这一关最重要的是将位置放正确，然后再按要求做游戏。

❸ 只有出现右图中的情况才做右手小鱼游戏，其他情况都是做左手小鱼游戏。

右手小鱼游戏

这一关最关键是按要求将位置放正确，然后选择做小鱼游戏。具体位置要求如下：

情况① 一个“黄宝宝”在家

一个“黄宝宝”在家时，因顶面黄色部分像一条小鱼，所以这一关的游戏称为小鱼游戏。

顶面的“黄宝宝”为“鱼头黄宝宝”，将“鱼头黄宝宝”正对我们，朝鱼头两侧望一望，可发现一个“黄宝宝”（爱心标注）在上层侧面（如右图），将“爱心黄宝宝”正对我们，如果它在左边就做左手小鱼游戏，如果它在右边就做右手小鱼游戏。

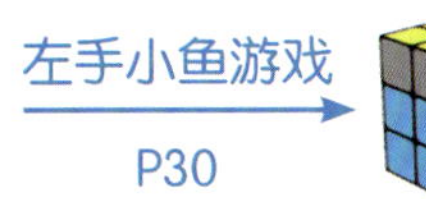

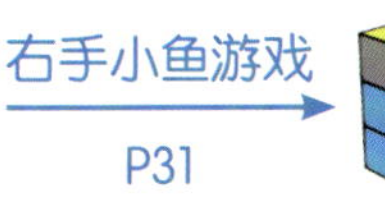

情况② 两个“黄宝宝”在家

两个“黄宝宝”在家的情况有三种，无论哪一种情况，都要转动上层使一个“黄宝宝”位于右图所示位置（标爱心处），做左手小鱼游戏，就转化成情况①。

情况③ 没有“黄宝宝”在家

没有“黄宝宝”在家时，转动上层使一个上层侧面的“黄宝宝”位于右图所示位置（标爱心处），做左手小鱼游戏，就转化成情况①。

游戏：左手小鱼游戏

游戏说明：位置放好后，忽略其他颜色，重点关注“白妈妈”和“爱心白宝宝”。

1 左边“白宝宝”跑上来玩
（左手上）

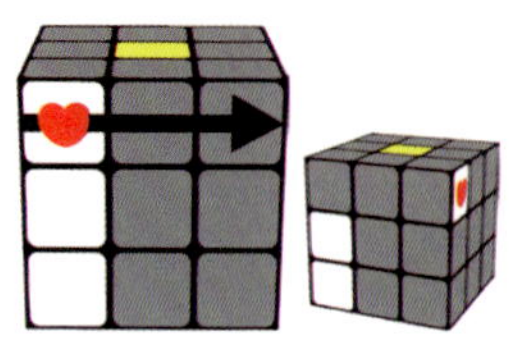

2“爱心白宝宝”往右边跑
（左手拨）

3“白妈妈”回家
（左手下）

4“爱心白宝宝”
继续往前跑
（左手拨）

5“白妈妈”上来找
“爱心白宝宝”
（左手上）

6“白宝宝”连跑两步
（180°）回到妈妈身边
（左手拨二次）

7 三白一起回家
（左手下）

游戏：右手小鱼游戏

游戏说明：右手小鱼游戏是左手小鱼游戏的左右对称玩法，只有情况①中上层侧面的“黄宝宝”在右边时才做右手小鱼游戏，其他情况都是做左手小鱼游戏。

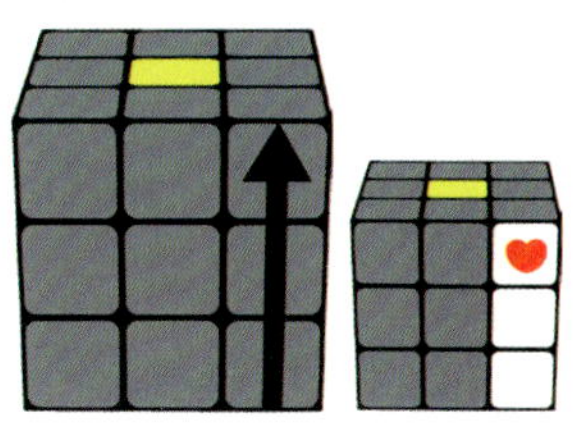

1 右边“白宝宝”跑上来玩
（右手上）

2 “爱心白宝宝”往左边跑
（右手拨）

3 “白妈妈”回家
（右手下）

4 “爱心白宝宝”继续往前跑
（右手拨）

5 “白妈妈”上来找“爱心白宝宝”
（右手上）

6 “白宝宝”连跑两步（180°）回到妈妈身边
（右手拨二次）

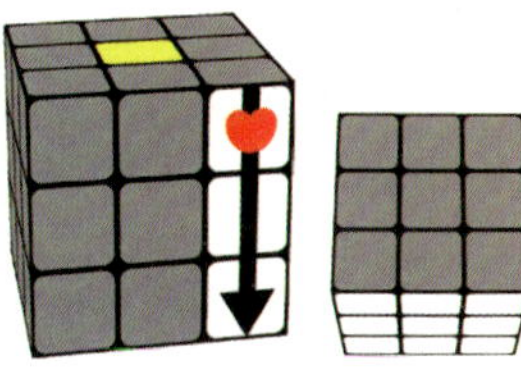

7 三白一起回家
（右手下）

“黄宝宝”三种情况位置放正确后，按要求做对应的小鱼游戏，即可成功复原黄色面。

“上层宝宝”回家

扫码进入视频学习

上层侧面不正确的情况有两种

① 上层侧面没有“眼睛”

② 上层侧面有一双“眼睛”

魔法攻略

“眼睛”放右面

❶有一双“眼睛”的时候，“眼睛”放在右面，做“黄宝宝”串门的游戏。

❷游戏中只需关注“黄宝宝”和“黄妈妈”。

❸边玩游戏边讲“黄宝宝”串门的故事。

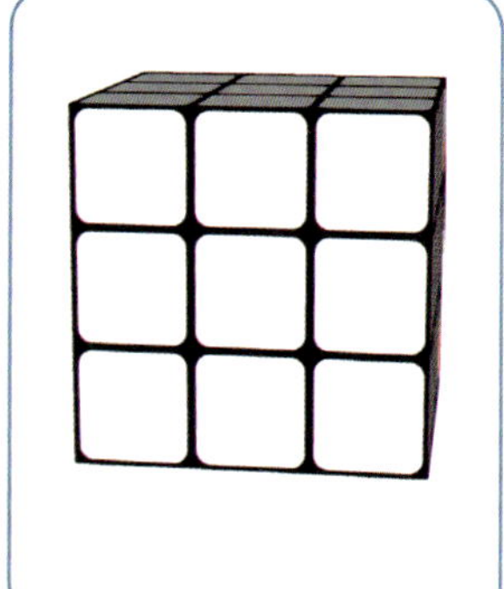

白色面正对我们

这一关首先是要在上层侧面找“眼睛”，将“眼睛”位置放正确后再做“黄宝宝”串门游戏。

“眼睛”的识别与位置要求

上图中两个“蓝宝宝”颜色相同，就是“眼睛”。棱块上的“妈妈”颜色是否一致可以忽略，只要“宝宝”的颜色一致就是“眼睛”。

上图中“蓝宝宝”和“红宝宝”颜色不同，所以不是“眼睛”。

“眼睛”的具体位置要求如下：

情况① 上层侧面没有“眼睛”

直接玩“黄宝宝”串门游戏（P34）就会使上层侧面出现一双“眼睛”，按情况②操作即可。

情况② 上层侧面有一双“眼睛”

转动上层将“眼睛”放在右面，玩“黄宝宝”串门游戏，就会做出四双“眼睛”。

如果遇到上层侧面有四双“眼睛”，转动上层与下面两层对齐即可，你可以闯下一关啦！

“眼睛”位置放好后，接下去做“黄宝宝”串门游戏，就可以使“上层宝宝”回家。

游戏：“黄宝宝”串门

“串门”时要让魔方保持白色面正对我们哦！

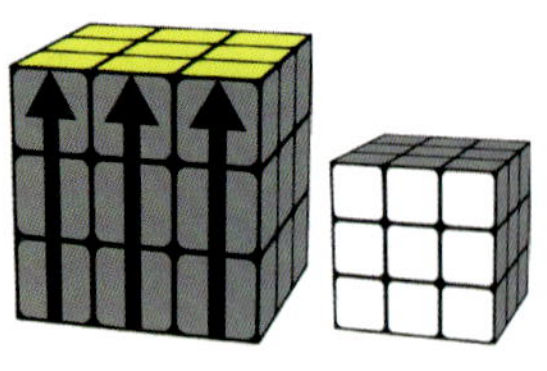

1 白色面对着我们
（整体向后翻 90°）

2 背面三黄到白家玩
（右层转 180°）

3 底层二黄到白家玩
（底层转 180°）

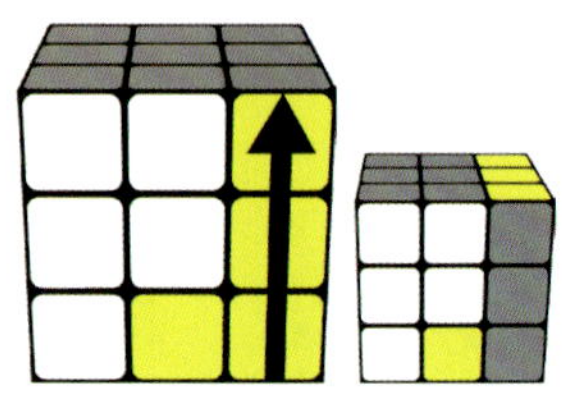

4 右边三黄去上面玩
（右手上）

5 三黄到前层参观
（右手拨）

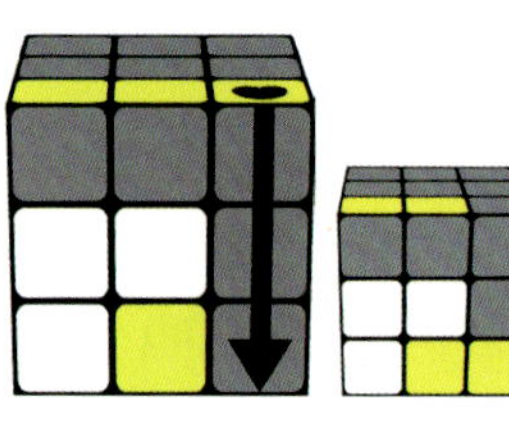

6 上层右边的“黄宝宝”下来跟着下面“黄妈妈”
（右手下）

7 下层的“黄妈妈”带“黄宝宝”一起回家
（底层转 180°）

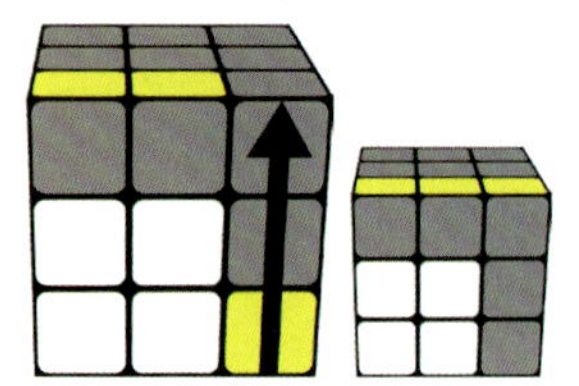

8 下层的“黄宝宝”上去跟着上面的“黄妈妈”
（右手上）

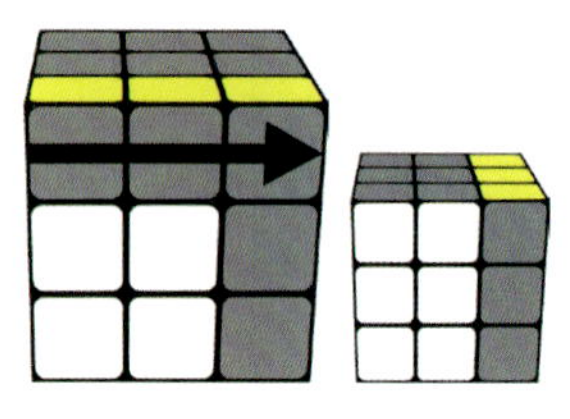

9 三黄回到右边
（左手拨）

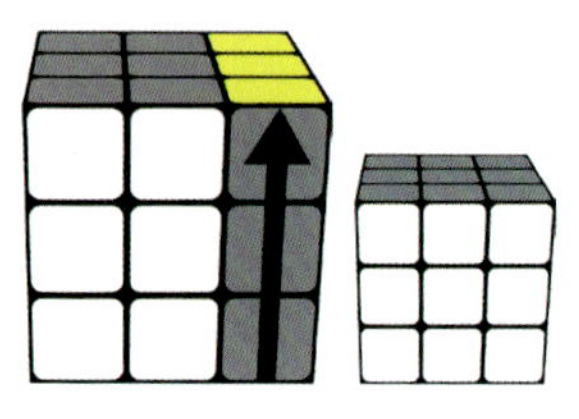

10 三黄一起回家
（右手上）

“上层妈妈”回家（大团圆）

“上层妈妈”位置不正确的情况有两种

① 有一个侧面已经复原

② 四个侧面都没有复原

扫码进入视频学习

魔法攻略

“黄奶奶”朝上

❶ 重新回到“黄奶奶”朝上。

❷ 这一关的游戏就是第6关的小鱼游戏。

小鱼游戏

完成第7关后，只有上层的“含黄棱块”位置还不正确，它们的情况有以下两种。

情况① 有一个侧面已经复原

上图中绿色面已经复原，此时位置要求是将已经复原的这一面放在后面（如下图所示）。

位置放好后，观察中间棱块的家在哪边。如果棱块的家在左边，就做右手小鱼游戏；如果棱块的家在右边，就做左手小鱼游戏（游戏图示见P30～P31）。

做完小鱼游戏后上层黄色面就成了小鱼形状，按P29情况①做小鱼游戏就可以将整个魔方复原。

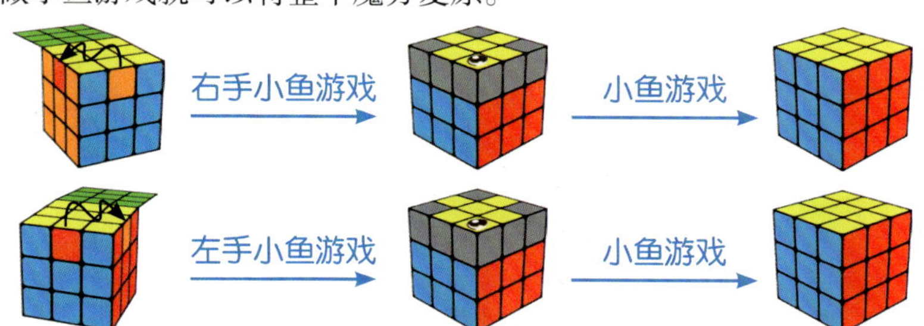

情况② 四个侧面都没有复原

遇到情况②，任意做一个左手小鱼游戏或右手小鱼游戏，就会得到小鱼形状。

再次做小鱼游戏后，就会有一个侧面复原，按情况①操作即可使整个魔方复原。

恭喜你，成功复原整个三阶魔方啦！

鲁比克发明魔方的初衷是帮助学生理解空间结构，魔方中蕴含着对称、变换、组合等原理，让我们试着从魔方的学习中找到数学的灵感吧！

趣味数学

朵朵过生日，妈妈做了一个棱长为30cm的正方体蛋糕，表面均匀地涂满了巧克力，朵朵把它切成棱长为10cm的小正方体。

朵朵喜欢吃巧克力，把三面有巧克力的小正方体蛋糕都吃完了，爸爸吃了两面有巧克力的小正方体蛋糕，妈妈吃了剩下的小正方体蛋糕。

问题一：妈妈吃了几块小正方体蛋糕？

问题二：谁吃的蛋糕最多？

问题三：朵朵吃的巧克力比爸爸多吗？

灵感提示

三面有巧克力的小正方体数量相当于三阶魔方的角块的数量；

两面有巧克力的小正方体数量相当于三阶魔方的棱块的数量；

一面有巧克力的小正方体数量相当于三阶魔方的中心块的数量；

中间还有一块没有巧克力的小正方体。

参考答案

问题一：7块

问题二：爸爸

问题三：一样多

魔数灵感

趣味数学

1. 数一数右图中三阶魔方的绿色面上有多少个正方形？

2. 让我们把1，2，3，4，5，6，7，8，9填入三阶魔方的绿色面中，使横、竖、斜的三个数的和相等。

灵感提示

1. 别忘记大的正方形。

2. 中间的数字一定是5。

参考答案

1. 14个

2.

2	9	4
7	5	3
6	1	8

魔数灵感

趣味数学

用橡皮泥做一个棱长为9cm的三阶魔方形状的正方体，截去一层后，剩余部分的表面积和体积各为多少？

灵感提示

截去一层后，变成了长9cm，宽9cm，高6cm的长方体。

参考答案

面积：378cm^2

体积：486cm^3

跟着游戏学魔方 >>>>>>>>>>>>

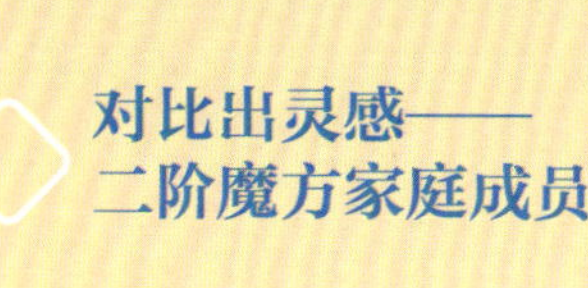

对比出灵感——二阶魔方家庭成员

二阶魔方又称口袋魔方，是 2×2×2 的立方体结构。二阶魔方最复杂的状态也只需 11 步就可以复原，但是很多人仍然认为它很难还原。我们学会了三阶魔方，就可以秒学二阶魔方。

让我们通过二阶魔方与三阶魔方的对比来学习二阶魔方的复原吧！

从对比图中可以发现，二阶魔方上只有角块，角块一共有8个。

和三阶魔方一样，角块上的色面称为“宝宝”，同一角块有上三个不同色的“宝宝”。

例如，右图角块上的“宝宝”分别是“黄宝宝”“蓝宝宝”和“红宝宝”。

三阶与二阶魔方复原步骤对照

	三阶魔方	二阶魔方
第 1 关	四个“白妈妈”到“黄家”做客	无
第 2 关	“白妈妈”和好朋友回家	无
第 3 关	“白宝宝”和好朋友回家	“白宝宝”和好朋友回家（第 1 关）
第 4 关	“中层妈妈”回家	无
第 5 关	“黄妈妈”回家	无
第 6 关	“黄宝宝”回家	“黄宝宝”回家（第 2 关）
第 7 关	“上层宝宝”回家	“上层宝宝”回家（第 3 关）
第 8 关	“上层妈妈”回家（大团圆）	无

通过对比可以看出，二阶魔方只要完成“宝宝”回家的步骤就可以复原了。

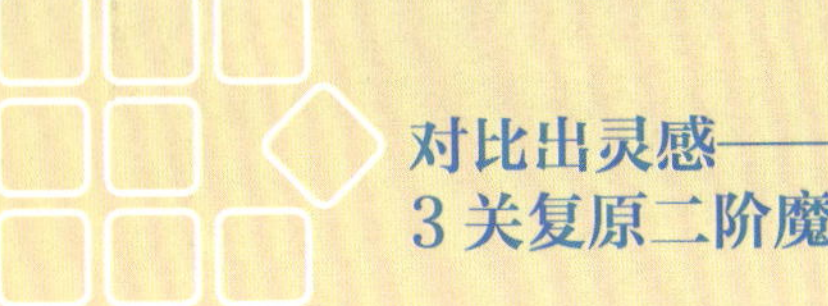

对比出灵感——3 关复原二阶魔方

有了三阶魔方的基础，我们就可以秒学二阶魔方。

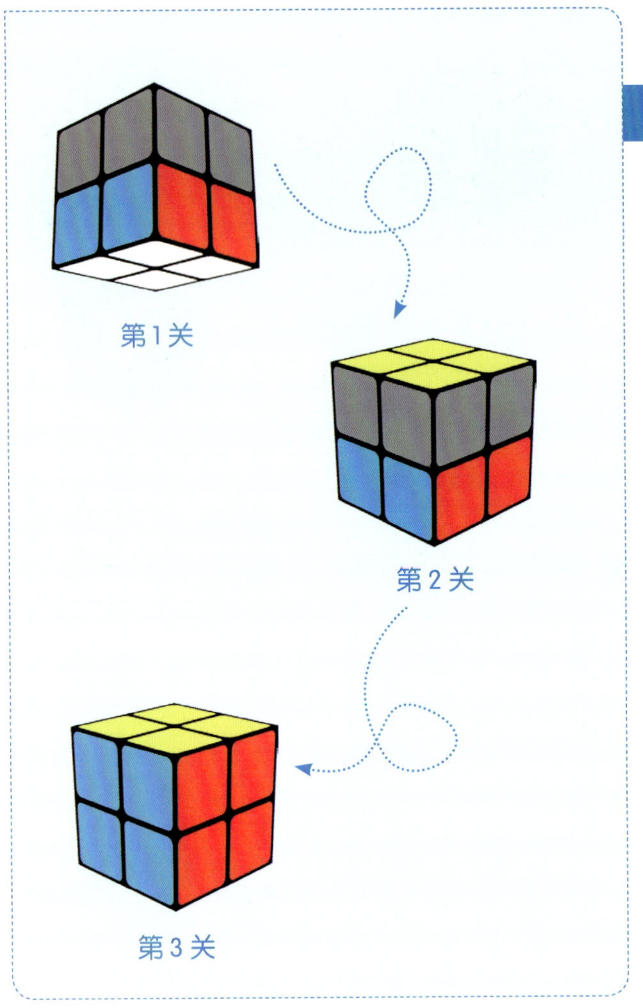

魔法攻略

三阶魔方对比

❶ 请准备一个已经复原的三阶魔方随时用于对比。

❷ 找到“白红蓝宝宝”，让“白宝宝”朝下，放在左下角，想象出中心块的位置。

圆点代表想象的中心

第1关 “白宝宝”和好朋友回家

底层完成状态对比

在三阶魔方的第3关中，我们已经学习了“白宝宝”回家的方法，但是二阶魔方没有中心块做参考，怎样确定每一面的颜色呢？

找到“白蓝红宝宝”，把它放在左下角，保持“白宝宝”朝下，这样，“白宝宝”所在的面就是白色面，“红宝宝”所在的面就是红色面，“蓝宝宝”所在的面就是蓝色面，按“蓝对绿、红对橙、白对黄”的标准配色原则，六面的中心就可以通过想象获得。

下面以“白绿橙宝宝”中的“白宝宝”在上层侧面为例进行讲解。

按“白蓝红宝宝”的位置想象出六个中心的颜色

观察上层侧面“白宝宝”好朋友的颜色

将“白绿橙宝宝”转到想象的“绿奶奶”与“橙奶奶”的上方位置

位置放正确后，整体转动魔方将“白宝宝”面对我们，用“白宝宝”回家的方法将它送回家

按P16～P20“白宝宝”回家的方法复原底层。

第2关 “黄宝宝”回家

黄色面完成状态对比

没有“黄宝宝”在家对比
（左手小鱼游戏）

一个“黄宝宝”在家对比 1
（右手小鱼游戏）

一个“黄宝宝”在家对比 2
（左手小鱼游戏）

两个“黄宝宝”在家对比 1
（左手小鱼游戏）

两个“黄宝宝”在家对比 2
（左手小鱼游戏）

两个“黄宝宝”在家对比 3
（左手小鱼游戏）

正确识别“黄宝宝”的状态后，按P28～P31“黄宝宝”回家的方法复原黄色面。

第3关 “上层宝宝”回家

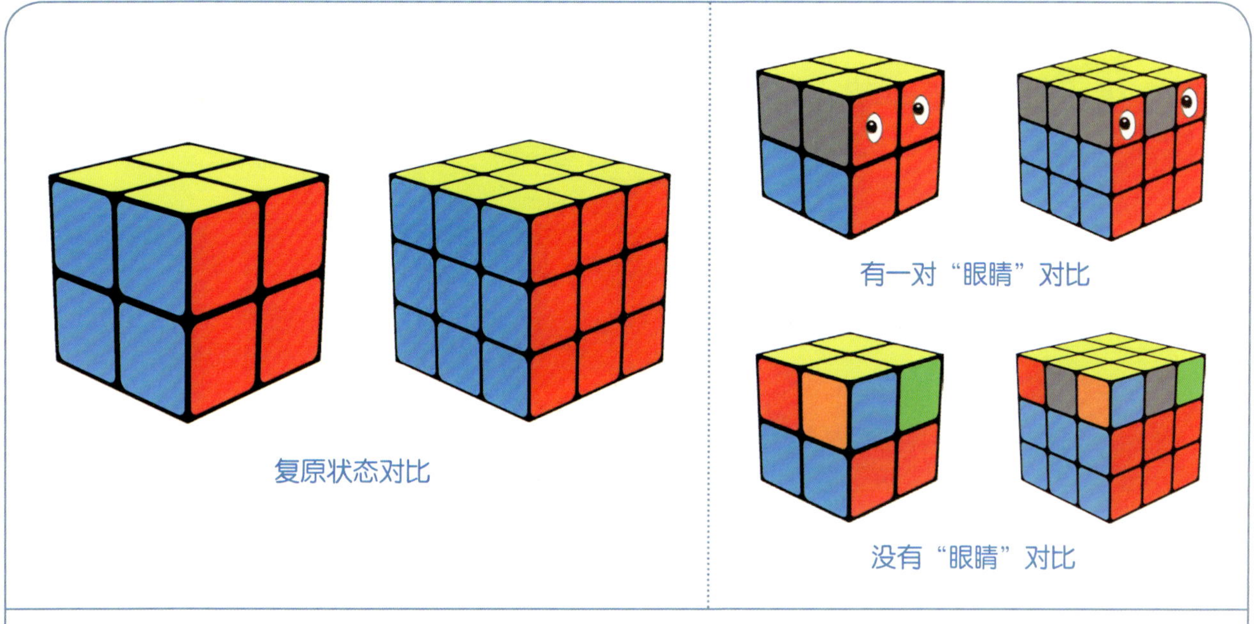

正确识别“眼睛”的状态后，按P34“黄宝宝”串门游戏的方法操作即可使整个魔方复原。

恭喜你，成功复原了二阶魔方！

有了三阶魔方的基础，我们就能很快学会二阶魔方。事实上很多的魔方都是三阶魔方的异形，都可以用三阶魔方的方法来还原，例如潘多拉魔方、镜面魔方、移棱魔方、风火轮魔方等。

还有很多魔方是以三阶魔方为基础的，例如四阶魔方、五阶魔方、五魔方等。

尝试着去还原这些魔方吧！

魔数灵感：考考你的空间想象力。

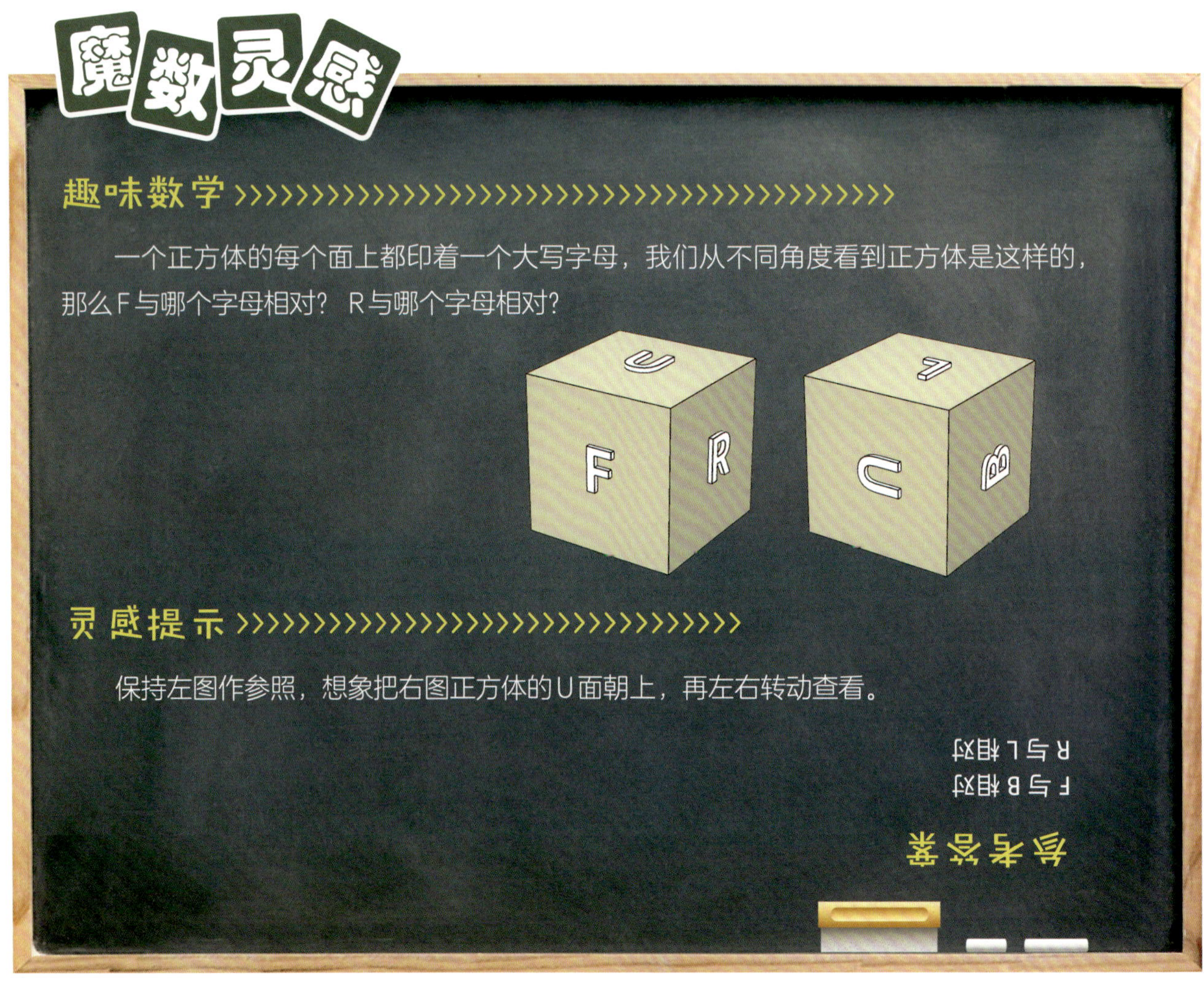

魔数灵感

趣味数学

一个正方体的每个面上都印着一个大写字母，我们从不同角度看到正方体是这样的，那么F与哪个字母相对？ R与哪个字母相对？

灵感提示

保持左图作参照，想象把右图正方体的U面朝上，再左右转动查看。

参考答案

F与B相对

R与L相对

魔数灵感

趣味数学

把一个棱长为2cm的正方体分成8个棱长为1cm的小正方体（不移动位置），如右图所示，最少需要切几刀？此时表面积增加了多少？

灵感提示

用一块橡皮泥，动手切一切。每切一刀增加了表面积$8cm^2$（$4cm^2\times 2$）。

参考答案

3刀

$24cm^2$

魔数灵感

趣味数学

幼儿园里有100个大小相同的小正方体，小朋友最少用几个小正方体就能拼成一个正方体？最多用几个小正方体拼成一个正方体？

灵感提示

要拼成大正方体，小正方体的数量必须是正整数的3次方。

参考答案

8个

64个

趣味数学

棱长为4cm的正方体橡皮泥，如果把它分成29个棱长为整数的正方体且没有剩余，那么棱长为1cm的小正方体有多少个？

灵感提示

如果只有棱长为1cm的正方体，那么有64个，不符合题意；如果有1个棱长为3cm的正方体，其他棱长为1cm正方体有37个，不符合题意。

所以应该是有棱长为2cm和棱长为1cm的两种正方体。

设棱长为1cm的正方体有x个，则棱长为2cm的正方体有(29 - x)个，由题意得x+8×(29 - x)=64。

参考答案

24↑

——盲拧从这里起步

跟着游戏学魔方 >>>>>>>>>>>>>

魔方的语言 　学会了三阶魔方和二阶魔方后，接下来我们要挑战魔方的花式和盲拧，这就需要认识魔方的语言。

顺逆看钟

我们先来认识魔方的顺时针转和逆时针转。

当某一面正对我们时，跟时针转动方向一致的转动就是顺时针转，跟时针转动方向相反的转动就是逆时针转。当我们需要进行某一层的旋转而无法判断顺逆方向时，可以先把这一面正对我们再进行判断。

下面以一个复原的魔方为例：

红色面正对我们时，左层如何判断顺时针方向？

将蓝色面正对我们，就可以观察出左层的顺时针方向。

判断完成后，返回至红色面正对我们，左层的顺时针方向即可明确。

用同样的方法去理解上层、下层、右层、前层和后层的顺逆方向。下面将上、下、左、右、前、后六个维度的顺逆方向总结如下表：

方向 \ 层名	上层	下层	左层	右层	前层	后层
顺时针				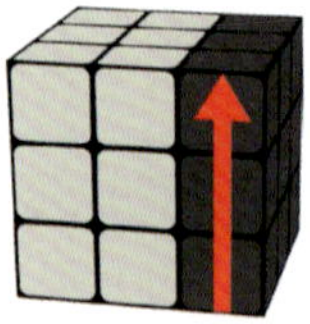		
逆时针						

魔方的转动符号

魔方的转动符号就是每转动一步动作的书面表达。

目前，三阶魔方公认的转动符号是由英文字母、数字和标点符号“′”（撇）组合而成的。

三阶魔方的转动分为单层转、双层转和整体转。单层顺时针转用表示位置的英文大写首字母来表示，双层顺时针转则用对应的英文小写首字母表示，逆时针转是在字母上方标注一撇，例如：UP代表上层，则U表示上层顺时针转90°，U′ 表示上层逆时针转90°，u表示上面两层顺时针转90°，u′ 表示上面两层逆时针转90°。

字母后面带有数字2，则表示旋转2次，即旋转180°。例如：U2是上层顺时针转180°，U′2则是上层逆时针转180°。无论顺时针还是逆时针旋转180°，其结果是相同的，所以也可以根据自己的旋转习惯找到适合的方向。

把多个字母放入括号内，且括号后面有数字，则表示括号中的公式需要按数字重复做，例如：（RUR′U′）3是将括号中的RUR′U′ 做3次，实际效果为：RUR′U′　RUR′U′　RUR′U′。

六面英语入魔

层名	转法	顺时针 90°	逆时针 90°	顺时针 180°	逆时针 180°
上层 Up	单层转	U 	U’ 	U2 	U’2 
	双层转	u 	u’ 	u2 	u’2 
下层 Down	单层转	D 	D’ 	D2 	D’2 
	双层转	d 	d’ 	d2 	d’2 

层名	转法	顺时针 90°	逆时针 90°	顺时针 180°	逆时针 180°
左层 Left	单层转	L 	L’ 	L2 	L’2 
	双层转	l 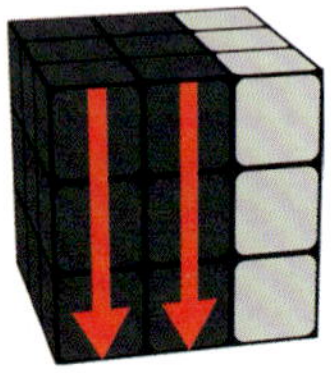	l’ 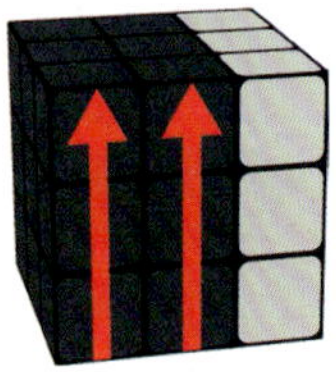	l2 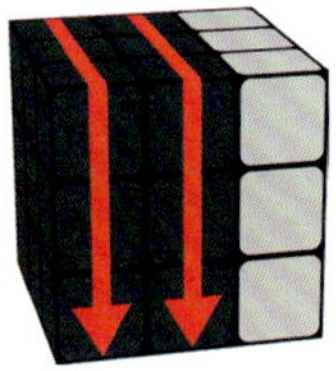	l’2 
右层 Right	单层转	R 	R’ 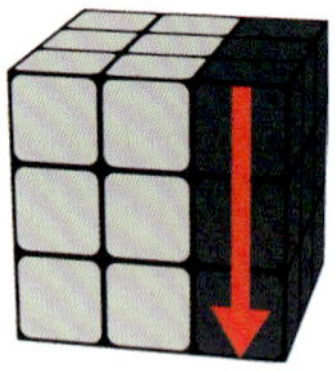	R2 	R’2 
	双层转	r 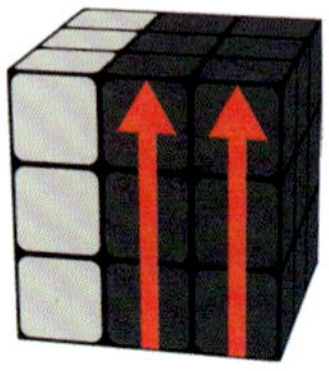	r’ 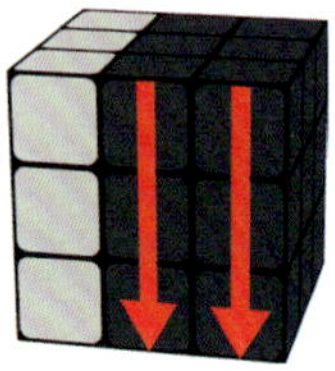	r2 	r’2 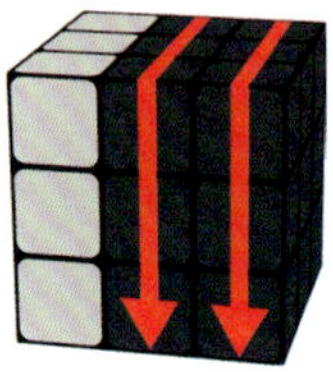

层名	转法	顺时针 90°	逆时针 90°	顺时针 180°	逆时针 180°
前层 Front	单层转	F 	F′ 	F2 	F′2 
前层 Front	双层转	f 	f′ 	f2 	f′2 
后层 Back	单层转	B 	B′ 	B2 	B′2 
后层 Back	双层转	b 	b′ 	b2 	b′2 

中层快递 EMS

E Equator	E	E'	E2	E'2
	方向同 D 转 90° 	方向同 D' 转 90° 	方向同 D 转 180° 	方向同 D' 转 180° 
M Middle	M	M'	M2	M'2
	方向同 L 转 90° 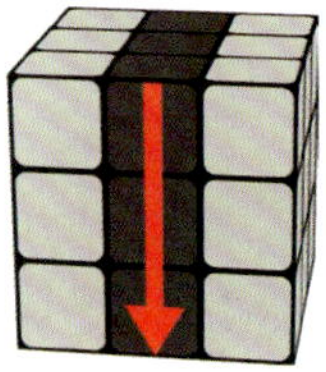	方向同 L' 转 90° 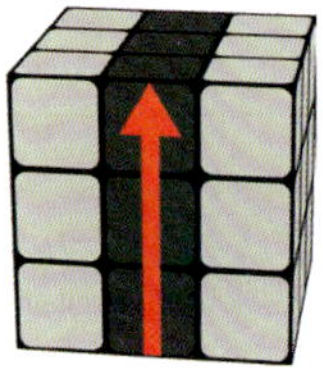	方向同 L 转 180° 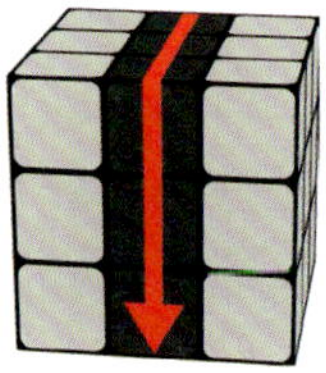	方向同 L' 转 180° 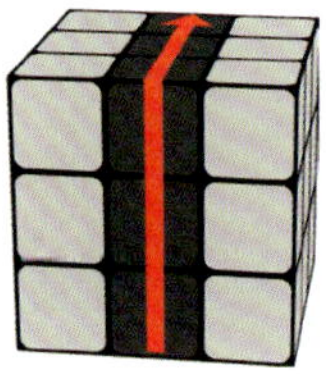
S Standing	S	S'	S2	S'2
	方向同 F 转 90° 	方向同 F' 转 90° 	方向同 F 转 180° 	方向同 F' 转 180° 

整体翻转坐标系

整体转用空间直角坐标系的三个坐标轴x、y、z来表示，即绕着坐标轴旋转，所以x与R方向相同，y与U方向相同，z与F方向相同。

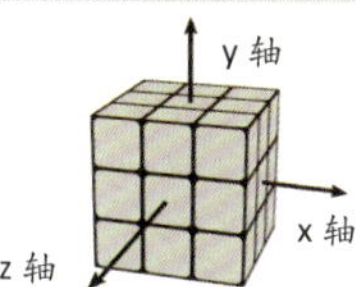

x	x	x’	x2	x’2
	方向同 R 转 90°	方向同 R’ 转 90°	方向同 R 转 180°	方向同 R’ 转 180°
	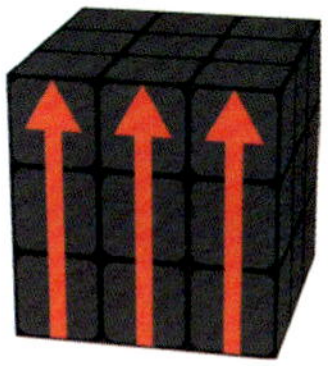	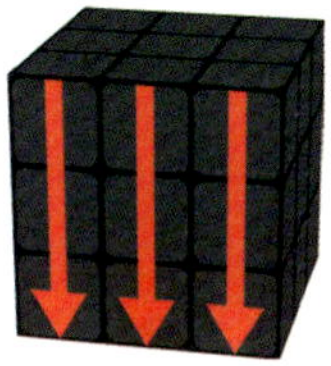		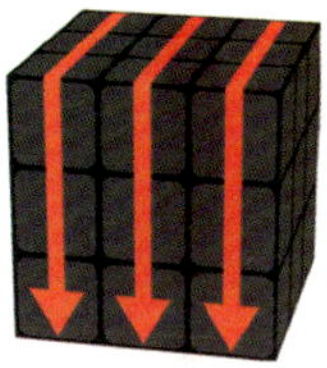
y	y	y’	y2	y’2
	方向同 U 转 90°	方向同 U’ 转 90°	方向同 U 转 180°	方向同 U’ 转 180°

z	z	z’	z2	z’2
	方向同 F 转 90°	方向同 F’ 转 90°	方向同 F 转 180°	方向同 F’ 转 180°

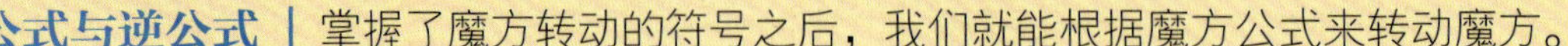

公式与逆公式 | 掌握了魔方转动的符号之后，我们就能根据魔方公式来转动魔方。

魔方转动符号的组合称为**公式**。

当我们根据公式把魔方从初始状态转动到某个状态时，我们也可以逆着撤销每一步，从而回到初始状态，由此产生的公式称为**逆公式**。

我们用穿脱鞋袜的步骤来理解什么是公式与逆公式：

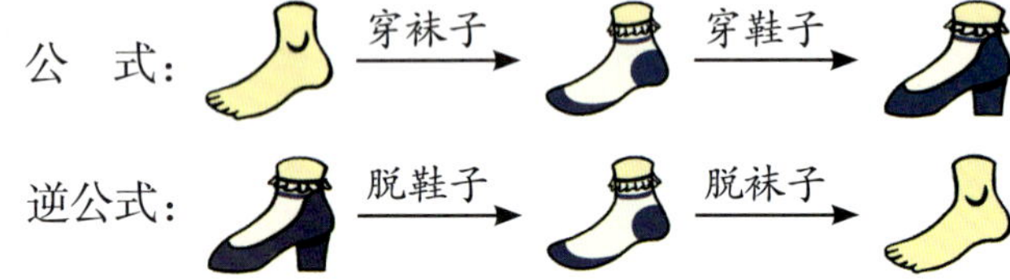

下面以一个复原的魔方举例：

练公式炫花式 | 认识了公式与逆公式后，我们学习几个经典的花式。

炫花式的初始状态为复原好的魔方，以“黄色面朝上，红色面朝前”为坐标（后面简称“黄上红前”），做完花式后，保持完成状态，用复原方法可以还原魔方。

花式	公式	复原方法一：逆公式	复原方法二
六面换心	MEM′E′	EME′M′	（MEM′E′）2 复原方法二：原公式 ×2
四面斜线	（FBLR）3	（R′L′B′F′）3	（FBLR）3 复原方法二：原公式
大小魔方	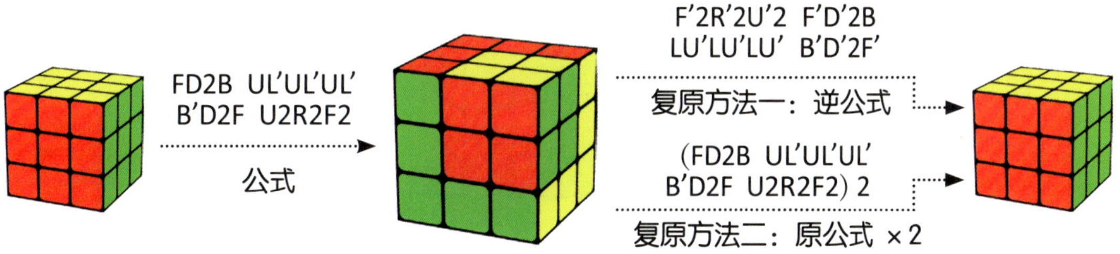 FD2B UL′UL′UL′ B′D2F U2R2F2	F′2R′2U′2 F′D′2B LU′LU′LU′ B′D′2F′	（FD2B UL′UL′UL′ B′D2F U2R2F2）2 复原方法二：原公式 ×2

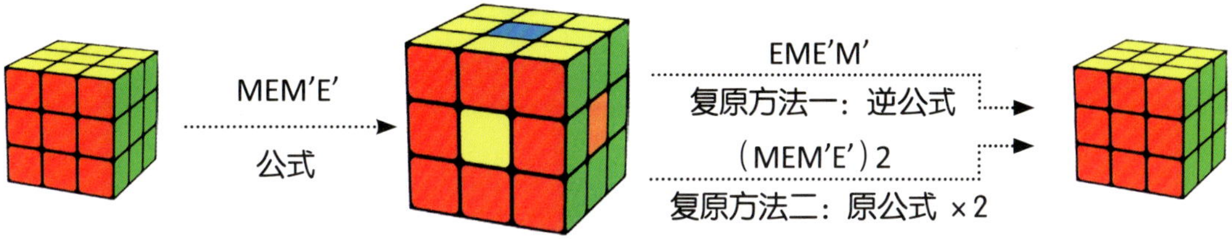

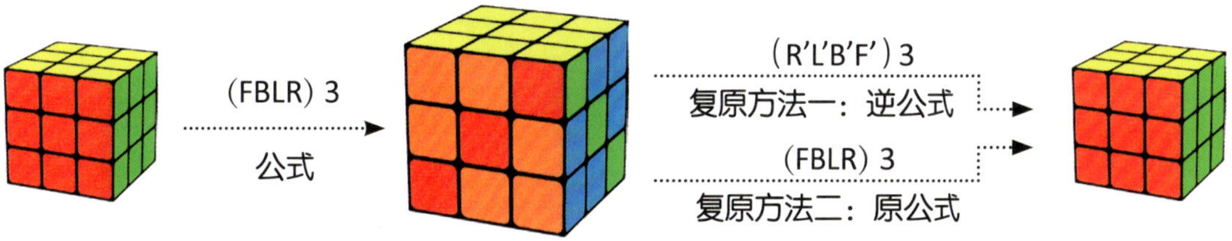

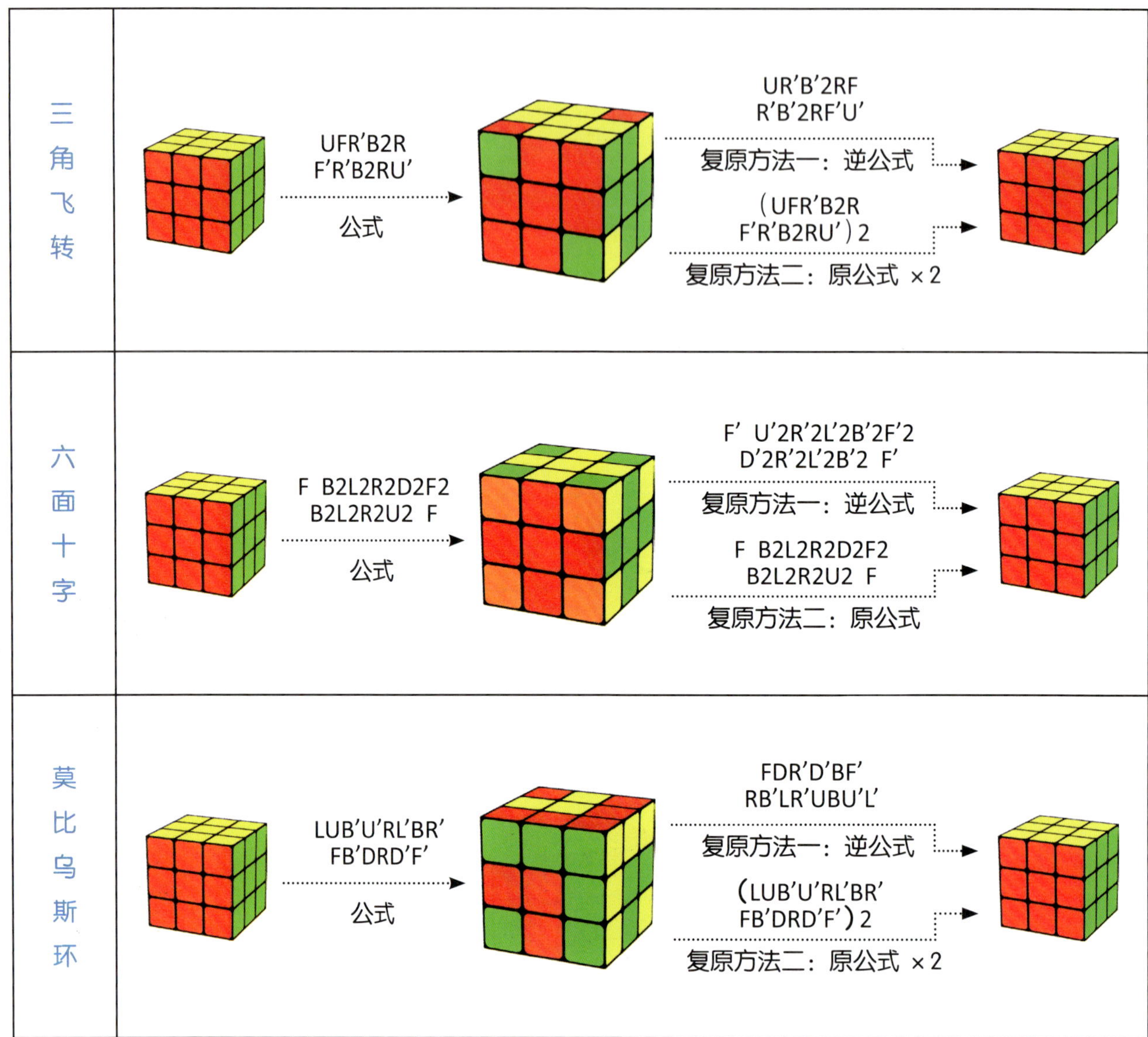
三角飞转
UFR'B2R
F'R'B2RU'
公式
UR'B'2RF
R'B'2RF'U'
复原方法一：逆公式
（UFR'B2R
F'R'B2RU'）2
复原方法二：原公式 ×2
六面十字
F B2L2R2D2F2
B2L2R2U2 F
公式
F' U'2R'2L'2B'2F'2
D'2R'2L'2B'2 F'
复原方法一：逆公式
F B2L2R2D2F2
B2L2R2U2 F
复原方法二：原公式
莫比乌斯环
LUB'U'RL'BR'
FB'DRD'F'
公式
FDR'D'BF'
RB'LR'UBU'L'
复原方法一：逆公式
（LUB'U'RL'BR'
FB'DRD'F'）2
复原方法二：原公式 ×2

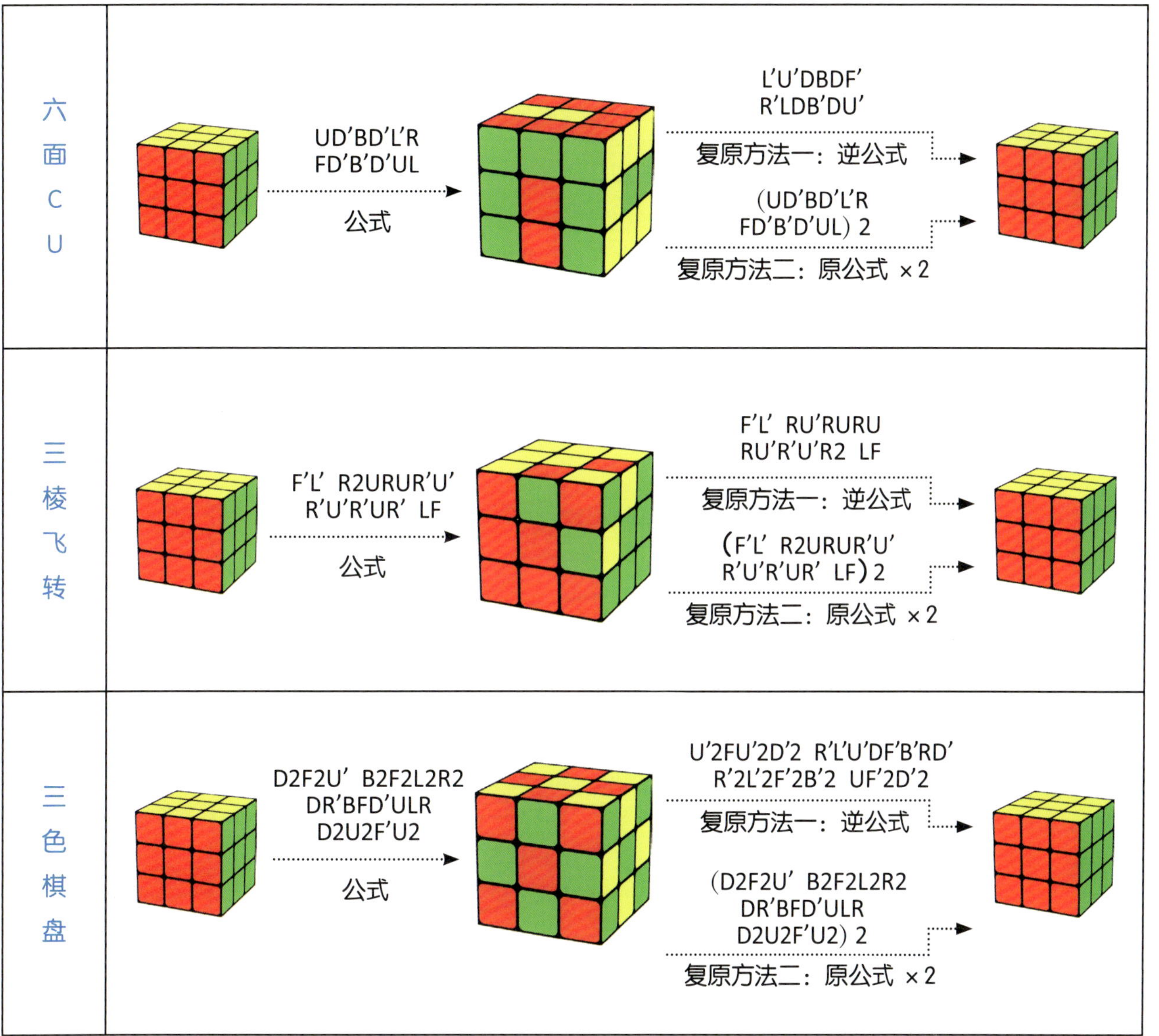
六面CU
UD′BD′L′R
FD′B′D′UL
公式
L′U′DBDF′
R′LDB′DU′
复原方法一：逆公式
(UD′BD′L′R
FD′B′D′UL) 2
复原方法二：原公式 ×2
三棱飞转
F′L′ R2URUR′U′
R′U′R′UR′ LF
公式
F′L′ RU′RURU
RU′R′U′R2 LF
复原方法一：逆公式
(F′L′ R2URUR′U′
R′U′R′UR′ LF) 2
复原方法二：原公式 ×2
三色棋盘
D2F2U′ B2F2L2R2
DR′BFD′ULR
D2U2F′U2
公式
U′2FU′2D′2 R′L′U′DF′B′RD′
R′2L′2F′2B′2 UF′2D′2
复原方法一：逆公式
(D2F2U′ B2F2L2R2
DR′BFD′ULR
D2U2F′U2) 2
复原方法二：原公式 ×2

魔方是富有创造力的艺术，魔方的玩法也同样富有创造力。通过练习经典花式，我们不仅可以熟悉魔方公式的应用，更能在花式创意中享受魔方带来的无限乐趣。

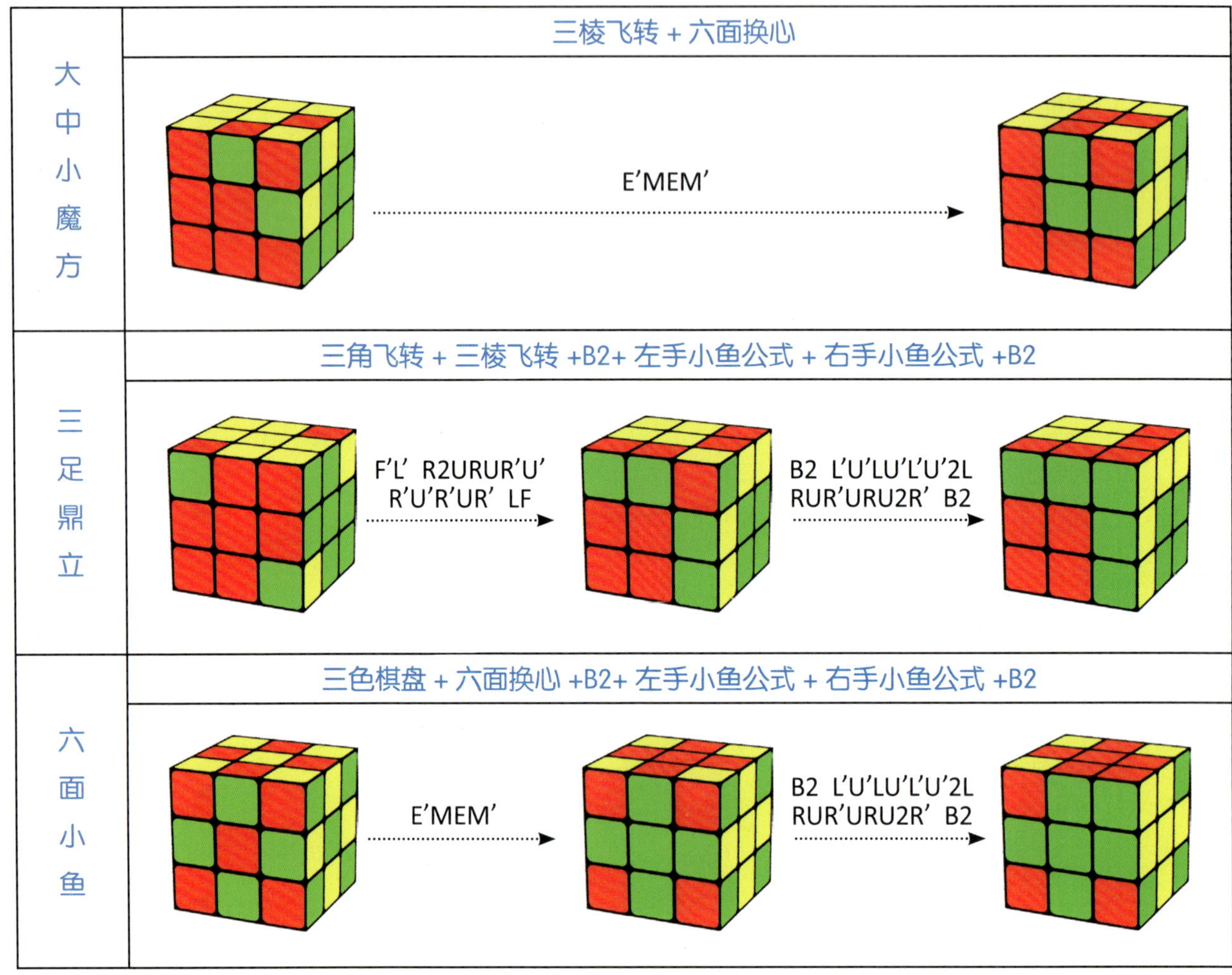

魔数灵感：考考你的想象力，可以用三阶空心魔方来观察。

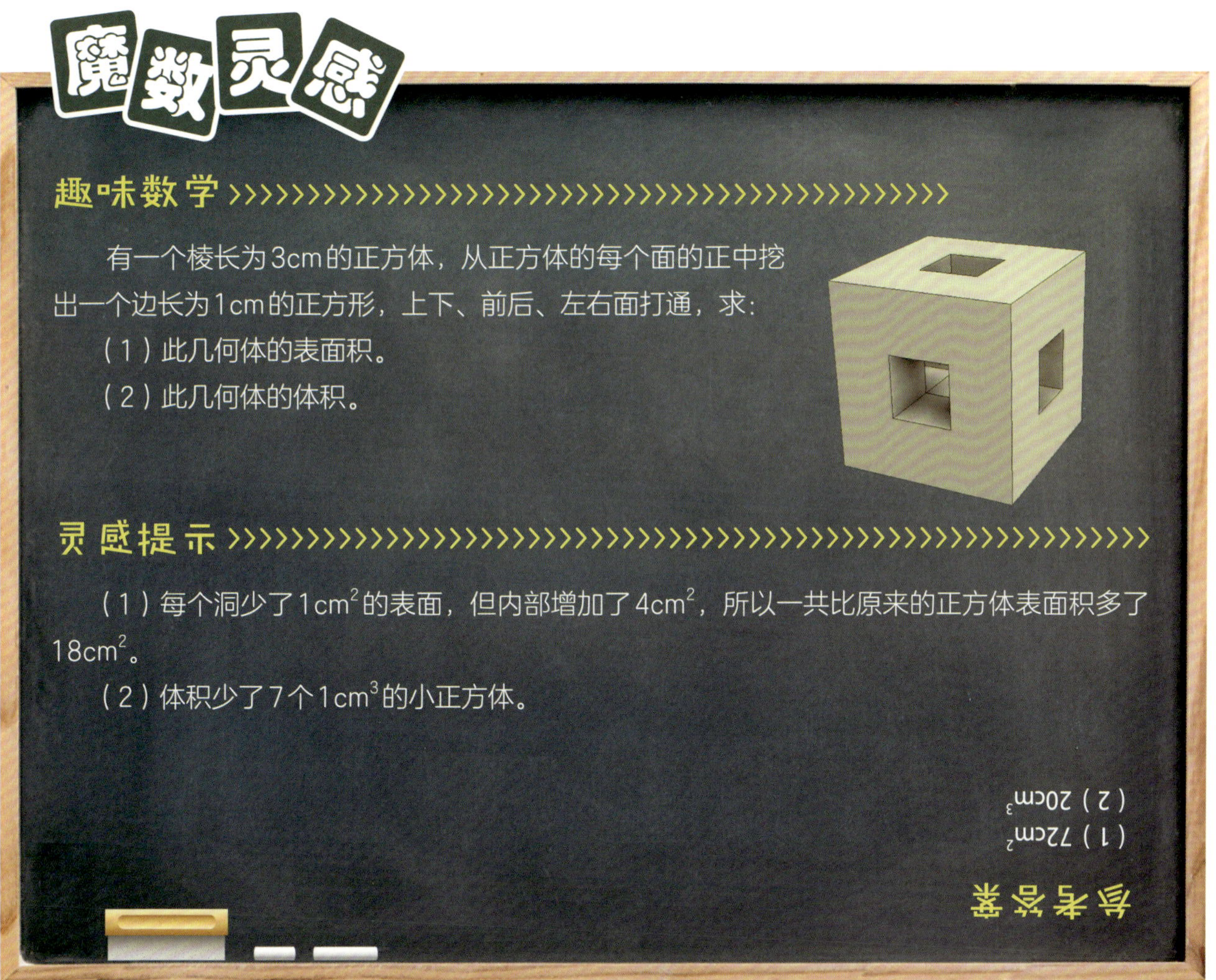

魔数灵感

趣味数学

有一个棱长为3cm的正方体，从正方体的每个面的正中挖出一个边长为1cm的正方形，上下、前后、左右面打通，求：

（1）此几何体的表面积。

（2）此几何体的体积。

灵感提示

（1）每个洞少了$1cm^2$的表面，但内部增加了$4cm^2$，所以一共比原来的正方体表面积多了$18cm^2$。

（2）体积少了7个$1cm^3$的小正方体。

参考答案

（1）$72cm^2$

（2）$20cm^3$

魔数灵感

趣味数学

右图是由棱长为1cm的小正方体搭建而成，那么这个物体的体积是多少？

灵感提示

棱长为3cm的正方体去掉棱长为2cm的正方体。

参考答案

$19cm^3$

跟着游戏学魔方 >>>>>>>>>>>>

我们通过学习平面上的“宝宝”归位游戏，来掌握传输与返回、步骤码、小循环等知识。

游戏设定与游戏规则

游戏设定

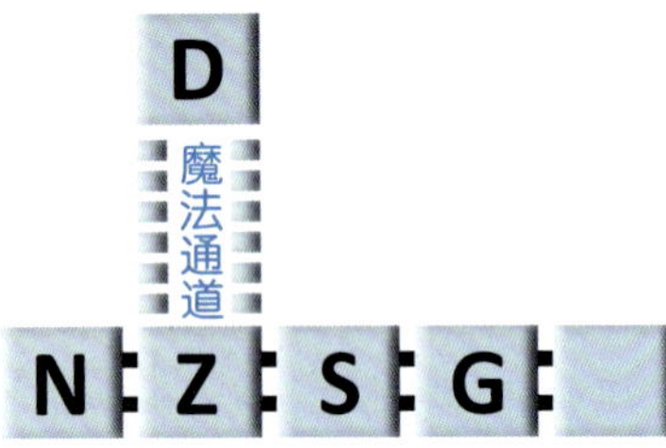

平面上有一个固定位置、一条魔法通道和一条传输带，传输带上有若干个可随传输带移动的位置。位置用大写英文字母来表示，D为固定位置的编号，N、Z、S、G表示传输带上的位置编号。

这些位置的初始位置称为**原始位**。

位置只有在传输时才会离开原始位，我们需要记住每个编号对应的原始位。

有五名“宝宝”，分别用小写英文字母d、n、z、s、g表示。“n宝宝”站在N位置上则表示“n宝宝”已归位，以此类推。

游戏规则

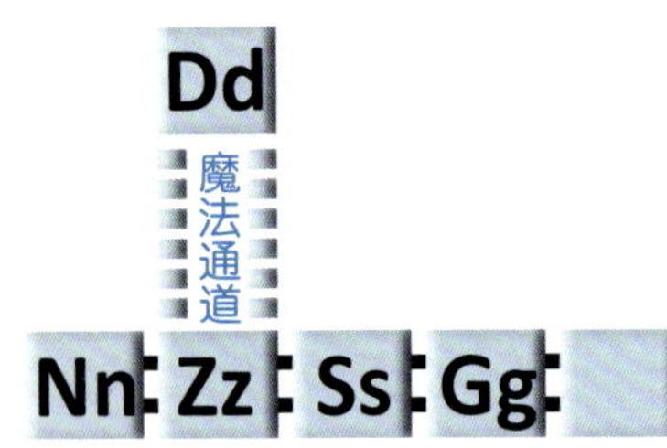

只有D原始位和Z原始位之间有交换“宝宝”的魔法通道。

D位置固定不动，称为**固定魔法位**。

Z原始位称为**中转魔法位**。

其他位置只能通过传输带传输到Z原始位后才能和D位置交换“宝宝”，交换完成后再原路返回至自己的原始位。

下面设置了5个游戏，由浅入深地讲解了步骤码和小循环等有关盲拧的重要知识。我们先根据观察制定游戏方案，然后记住步骤码，再按步骤码操作让“宝宝们”各归各位。

游戏1 步骤码Z

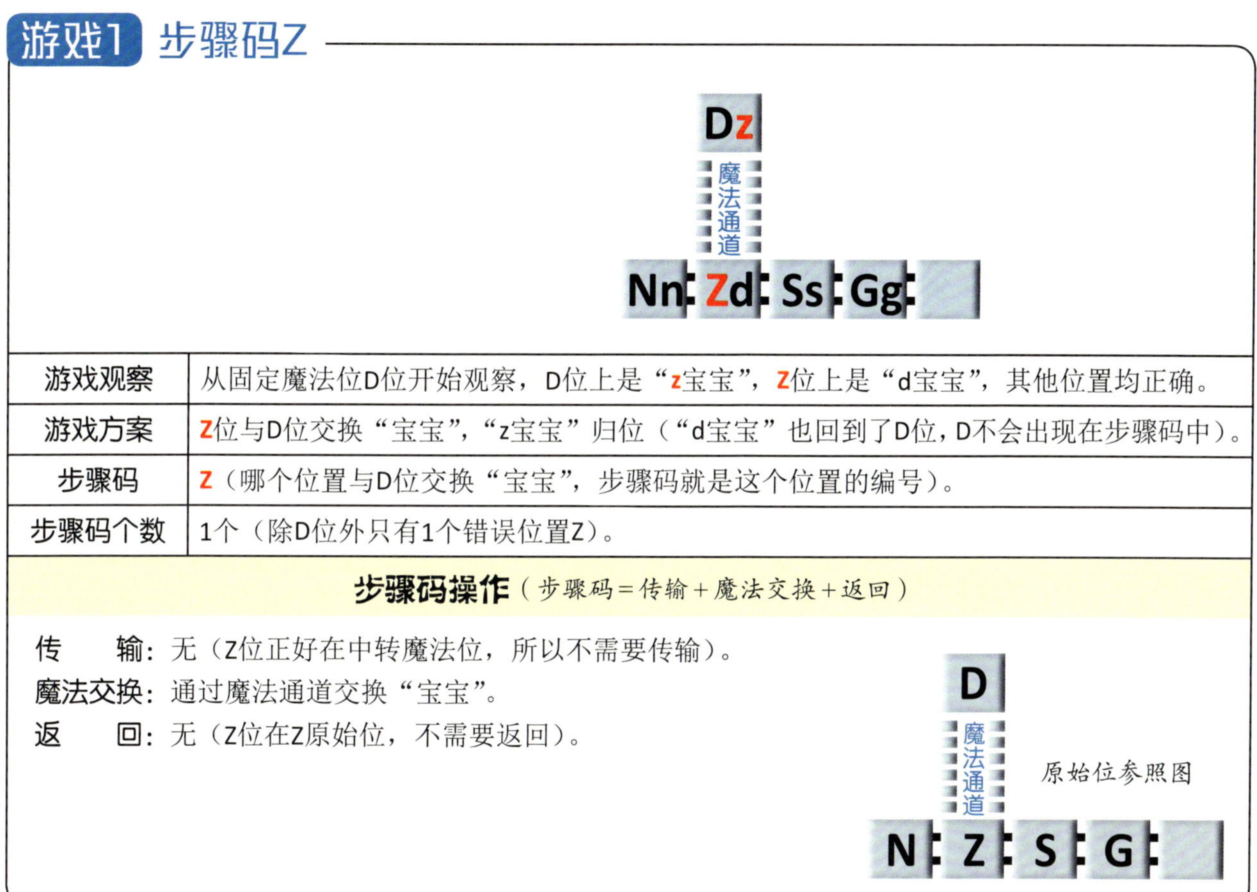

游戏观察	从固定魔法位D位开始观察，D位上是“z宝宝”，Z位上是“d宝宝”，其他位置均正确。
游戏方案	Z位与D位交换“宝宝”，“z宝宝”归位（“d宝宝”也回到了D位，D不会出现在步骤码中）。
步骤码	Z（哪个位置与D位交换“宝宝”，步骤码就是这个位置的编号）。
步骤码个数	1个（除D位外只有1个错误位置Z）。

步骤码操作（步骤码＝传输＋魔法交换＋返回）

传　　输：无（Z位正好在中转魔法位，所以不需要传输）。
魔法交换：通过魔法通道交换“宝宝”。
返　　回：无（Z位在Z原始位，不需要返回）。

游戏的核心是记住步骤码，并且理解步骤码的整体操作过程。这里需要强调的是，当其他“宝宝”全部归位后，“d宝宝”一定会回到D位，所以D不会出现在步骤码中。

游戏2 步骤码N

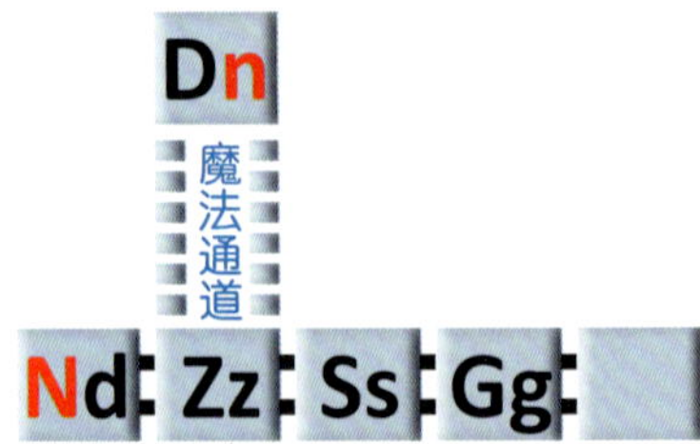

游戏观察	从固定魔法位D位开始观察，D位上是“n宝宝”，N位上是“d宝宝”。
游戏方案	N位与D位交换“宝宝”，“n宝宝”归位（“d宝宝”也回到了D位）。
步骤码	N（哪个位置与D位交换“宝宝”，步骤码就是这个位置的编号，后面不再赘述）。
步骤码个数	1个（除D位外只有1个错误位置N）。

步骤码操作（步骤码＝传输＋魔法交换＋返回）

传　　输：传输带向右移动一格，使N位传输到中转魔法位Z原始位。

魔法交换：通过魔法通道交换“宝宝”。

返　　回：传输带向左移动一格，使N位返回至N原始位。

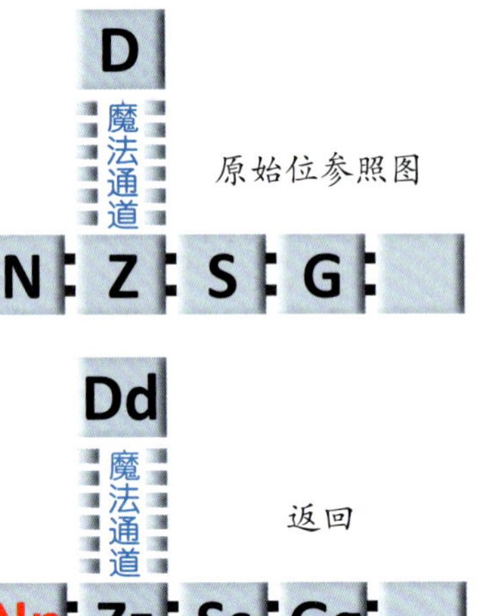

原始位参照图

传输

魔法交换

返回

游戏3 步骤码NZ

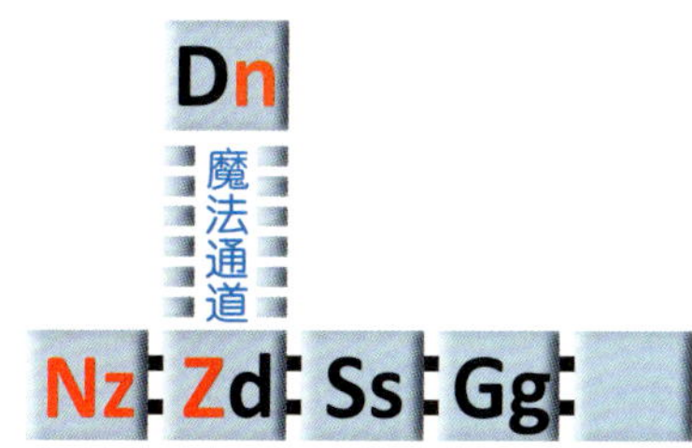

游戏观察	从固定魔法位D位开始观察，D位上是“n宝宝”，N位上是“z宝宝”，Z位上是“d宝宝”。
游戏方案	第一步:N位与D位交换“宝宝”，“n宝宝”归位，同时“z宝宝”被交换到D位，此步骤码为N； 第二步:Z位与D位交换“宝宝”，“z宝宝”归位，同时“d宝宝”也回到了D位，此步骤码为Z。
步骤码	NZ
步骤码个数	2个（除D位外有2个错误位置N、Z）。

步骤码操作（步骤码=传输+魔法交换+返回）

第一步：完成步骤码N（方法参考游戏2）　　第二步：完成步骤码Z（方法参考游戏1）

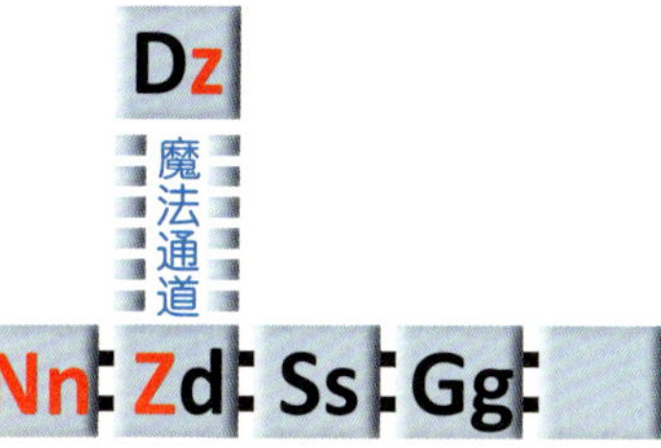

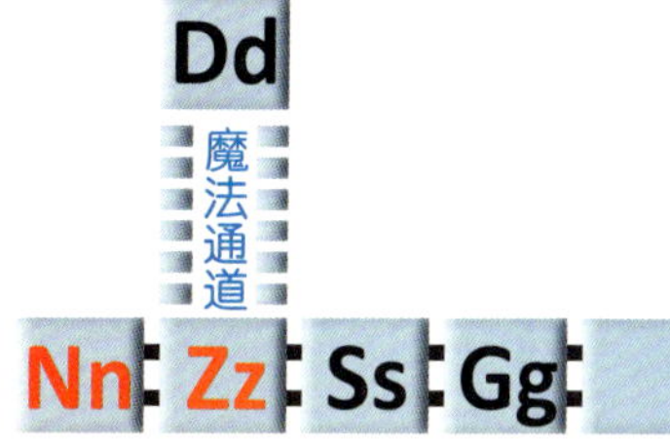

游戏4 小循环步骤码

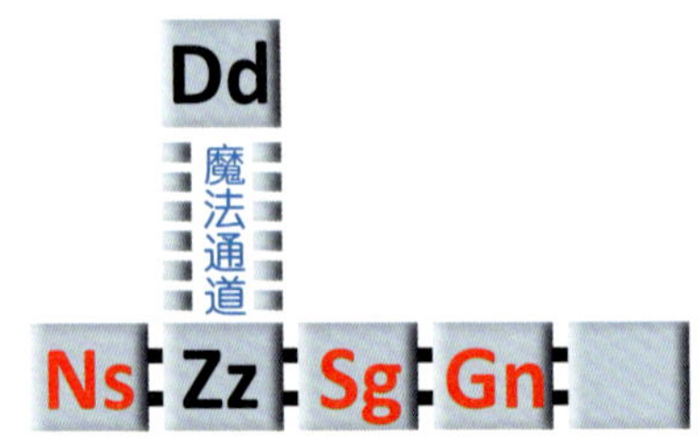

游戏观察	从固定魔法位D位开始观察，D位上是“d宝宝”（位置正确），**N**位上是“**s**宝宝”，**S**位上是“**g**宝宝”，**G**位上是“**n**宝宝”。
游戏方案1	第一步：**N**位与D位交换“宝宝”，即完成步骤码**N**（完成结果见下图）； 第二步：**S**位与D位交换“宝宝”，步骤码为**S**； 第三步：**G**位与D位交换“宝宝”，步骤码为**G**； 第四步：**N**位与D位交换“宝宝”，步骤码为**N**。
步骤码	**NSGN**
步骤码个数	3+1个（有3个错误位置N、S、G参与1个小循环，步骤码个数=除D位外错误位置个数+小循环个数）。

小循环解读

步骤码以某个字母开头并以该字母结尾即为**小循环**。如游戏4的方案1是以N开头，又以N结尾，就称为1个小循环。

小循环解读

为什么会出现小循环?

当固定魔法位D位正确，但是还有其他位置的“宝宝”没有归位时，位置错误的“宝宝”必须通过魔法通道进行交换才能归位，例如在游戏4中，N、S、G三个位置上的“宝宝”还没有归位，我们就可以选择任意一个错误位置把“宝宝”交换到D位上。

游戏4的方案1就是选择用N位和D位去交换“宝宝”，但第一个步骤码N只是把N位上的“s宝宝”交换到了D位上去，“n宝宝”并没有归位，直到第二个步骤码N出现的时候，才让“n宝宝”归位了，小循环也就结束了。

所以在游戏4中，也可以选择从G位或S位开始和D位交换“宝宝”，这样就可以有其他两个游戏方案。

游戏方案 2	第一步：G位与D位交换“宝宝”，即完成步骤码G（完成结果见下图）； 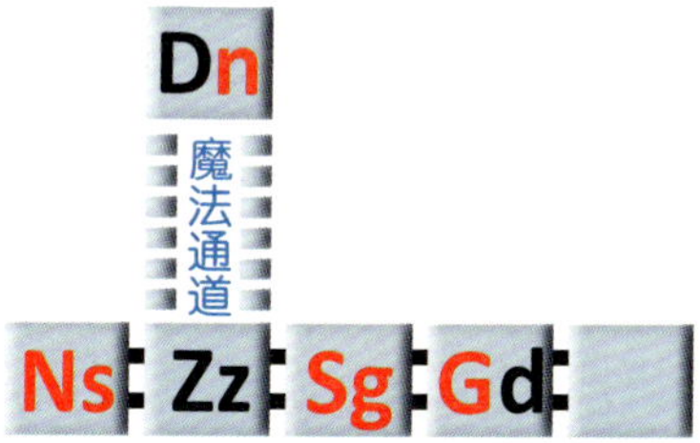 Dn 魔法通道 Ns Zz Sg Gd 第二步：N位与D位交换“宝宝”，步骤码为N； 第三步：S位与D位交换“宝宝”，步骤码为S； 第四步：G位与D位交换“宝宝”，步骤码为G。 步骤码：GNSG
游戏方案 3	第一步：S位与D位交换“宝宝”，即完成步骤码S（完成结果见下图）； 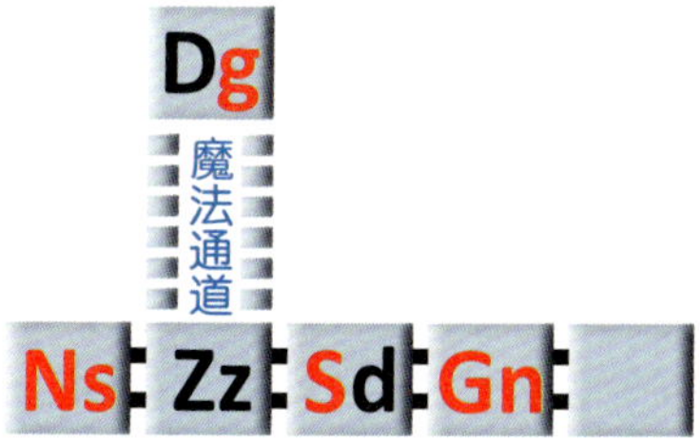 Dg 魔法通道 Ns Zz Sd Gn 第二步：G位与D位交换“宝宝”，步骤码为G； 第三步：N位与D位交换“宝宝”，步骤码为N； 第四步：S位与D位交换“宝宝”，步骤码为S。 步骤码：SGNS

游戏5 再识小循环

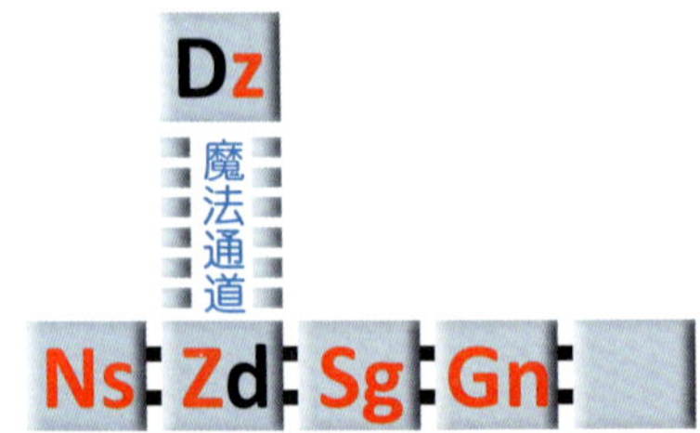

游戏观察	从固定魔法位D位开始观察，D位上是“z宝宝”，Z位上是“d宝宝”，N位上的是“s宝宝”，S位上是“g宝宝”，G位上是“n宝宝”。（小循环选择从N位开始）
游戏方案	第一步：Z位与D位交换“宝宝”，步骤码为Z；第二步：N位与D位交换“宝宝”，步骤码为N；第三步：S位与D位交换“宝宝”，步骤码为S；第四步：G位与D位交换“宝宝”，步骤码为G；第五步：N位与D位交换“宝宝”，步骤码为N。
步骤码	ZNSGN
步骤码个数	4+1（除D位外，有4个错误位置，有1个小循环）。

步骤码个数解读

步骤码个数 = 除 D 位外的错误位置个数 + 小循环个数。

例如游戏 5 中，除 D 位外，有 4 个错误位置，小循环个数为 1，所以步骤码个数为 4+1。

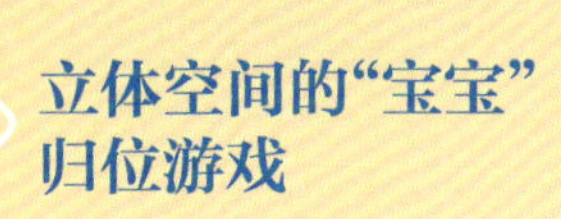

通过学习平面上的"宝宝"归位游戏，我们已经理解了传输与返回、步骤码以及小循环，接下来我们就要开始进行立体空间的"宝宝"归位游戏，正式进入二阶盲拧。

角块上的位置编号与"宝宝"编号

位置编号

在二阶魔方上，每一层就相当于一条传输带，角块上的每个面就是一个位置，用大写英文字母A、B、C……Z表示每个位置的编号。在传输之前，原始位和位置重合，位置只有在传输时才会离开原始位。

因为每个角块只有三个面露在外面，8个角块只需要24个字母标记，所以将26个英文字母去掉U和V两个字母。

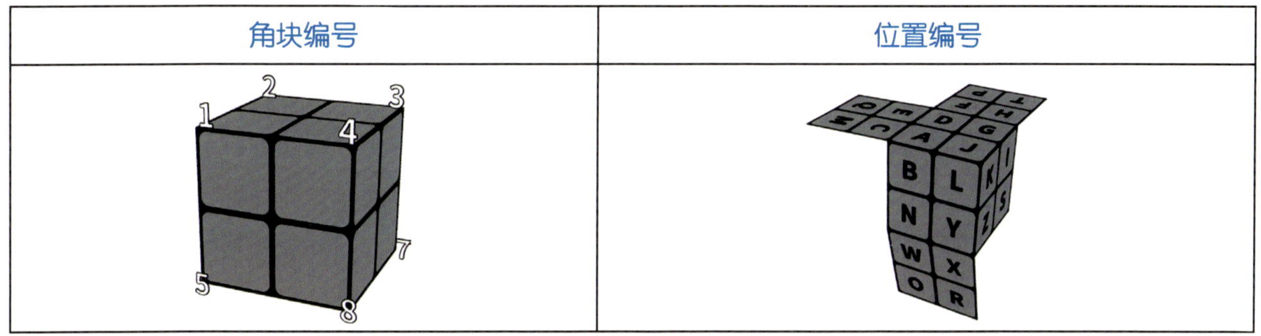

为了记忆方便，我们先将8个角块进行编号，角块编号如上图所示。

24个英文字母3个一组按顺序进行编号。上层从1号角块的顶面顺时针开始编号，分别为：1号角块ABC，2号角块DEF，3号角块GHI，4号角块JKL。下层从5号角块的底面顺时针开始编号，其中，把W提至M前，这样下面4个角块的编号分别为：5号角块WMN，6号角块OPQ，7号角块RST，8号角块XYZ，我们需要记住每个字母对应的原始位。

了解编号的规则后，我们可以按角块的顺序记忆，也可以按面来记忆，例如顶面4个位置依次是ADGJ，可以按联想记忆法记成"俺得冠军"，底面4个位置依次是WXRO，可以联想成"微笑日哦"。每一面可以按自己喜欢的方式去联想记忆，相信你很快就可以记住它们。

“宝宝”编号

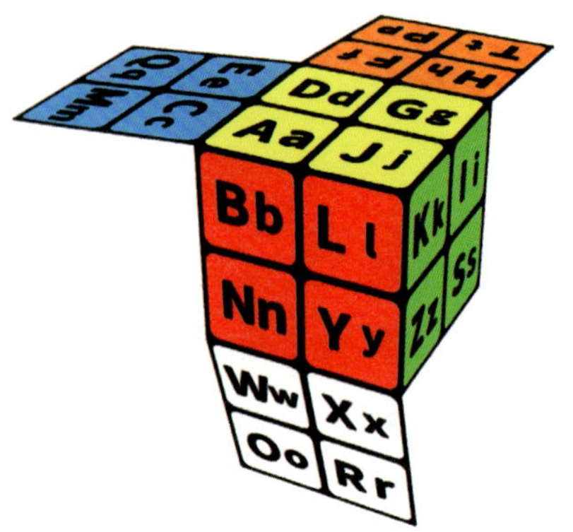

每一个角块的3个位置上都有一个带颜色的精灵宝宝。

规定“黄上红前”为坐标，在复原状态下，“宝宝们”的编号和位置的编号是相对应的，“宝宝”的编号用小写英文字母a、b、c……z来表示。例如：1号角块是黄红蓝角块，黄红蓝角块上的“黄宝宝”叫“a宝宝”，“红宝宝”叫“b宝宝”，“蓝宝宝”叫“c宝宝”。2号角块是黄蓝橙角块，黄蓝橙角块上的“黄宝宝”叫“d宝宝”，“蓝宝宝”叫“e宝宝”，“橙宝宝”叫“f宝宝”。

以此类推，具体编号如下：

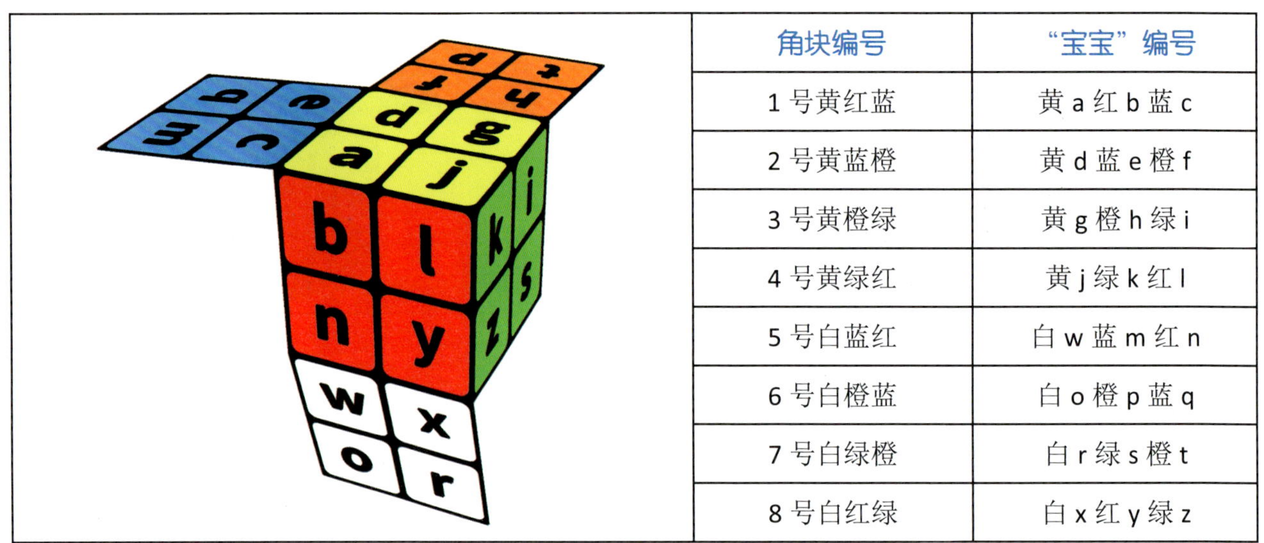

角块编号	“宝宝”编号
1号黄红蓝	黄 a 红 b 蓝 c
2号黄蓝橙	黄 d 蓝 e 橙 f
3号黄橙绿	黄 g 橙 h 绿 i
4号黄绿红	黄 j 绿 k 红 l
5号白蓝红	白 w 蓝 m 红 n
6号白橙蓝	白 o 橙 p 蓝 q
7号白绿橙	白 r 绿 s 橙 t
8号白红绿	白 x 红 y 绿 z

从编号中可以看出，同样是“黄宝宝”，所在的角块不同，编号也是不同的。根据三阶魔方的标准配色和位置编号，相信你会很快认识所有的“宝宝”。

二阶盲拧魔法公式——“DZ 交换公式”

DZ 交换公式：RU′R′U′　RUR′F′　RUR′U′　R′FR

DZ 交换公式

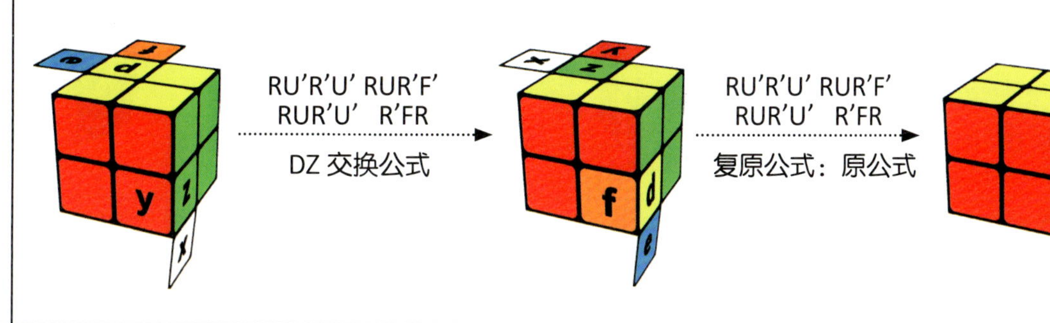

魔法公式使2号位上的角块（交换前为黄蓝橙角块）和8号位上的角块（交换前为白红绿角块）进行了交换，交换后，2号位上变成了白红绿角块，8号位上变成了黄蓝橙角块。并且，“黄宝宝”与“绿宝宝”互换位置，“蓝宝宝”与“白宝宝”互换位置，“橙宝宝”与“红宝宝”互换位置。

公式深度解析

魔法公式使2号位上的角块和8号位上的角块发生了交换，具体变化为：D位和Z位交换宝宝，E位和X位交换“宝宝”，F位和Y位交换“宝宝”。因为DEF和XYZ的3个位置在同一个角块上，只要D位和Z位上的“宝宝”交换，另外两对位置上的“宝宝”也一定会互换，所以只需要把D位和Z位当成魔法位，因此，这个魔法公式称为**DZ交换公式**。

当魔方打乱后，相当于“宝宝”站到了别的位置，DZ交换公式就是一条无形的魔法通道，起着交换宝宝的作用。

我们规定：**D原始位为固定魔法位，Z原始位为中转魔法位**。

角块位置参照图

下面设置了6个游戏，开始每个游戏之前，用复原的魔方以“**黄上红前**”为坐标，按打乱公式进行操作获得游戏的初始状态，然后开始游戏观察。

游戏1 步骤码Z

打乱公式

RU′R′U′ RUR′F′

RUR′U′ R′FR

原始位参照图

游戏观察	从固定魔法位D位开始观察，D 位上是“ z宝宝”，Z位上是“d宝宝”，其他角块均正确。
游戏方案	Z位与D位交换“宝宝”，“z宝宝”归位（“d宝宝”也回到了D位，D不会出现在步骤码中）。
步骤码	Z（哪个位置与D位交换“宝宝”，步骤码就是这个位置的编号）。
步骤码个数	1个（除2号位角块外，只有8号位这一个角块错误）。

步骤码操作（步骤码=传输+魔法公式+返回）

传　　输：无（Z位正好在中转魔法位，所以不需要传输）。

魔法公式：RU′R′U′　RUR′F′　RUR′U′　R′FR

返　　回：无（Z位在Z原始位，不需要返回）。

魔法公式解读

❶“z宝宝”位置正确了，“x宝宝”和“y宝宝”必然正确，即8号角块位置正确，所以完成一个步骤码使得同一个角块上的三个“宝宝”同时归位，因此在游戏中只需关注要和D位交换的“宝宝”即可。

❷ 和平面上的“宝宝”归位游戏不同的是，由于DEF在同一个角块上，如果D位上的是“e宝宝”或“f宝宝”，也只能先让其他角块上的位置和D位交换“宝宝”，所以E、F也不会出现在步骤码中。

游戏2 步骤码N

打乱公式

DL2D2BDB′DL2D′L

原始位参照图

游戏观察	从固定魔法位D位开始观察，D 位上是“ n宝宝”，N位上是“d宝宝”，其他角块均正确。
游戏方案	N位与D位交换“宝宝”，“n宝宝”归位（“d宝宝”也回到了D位）。
步骤码	N（哪个位置与 D 位交换“宝宝”，步骤码就是这个位置的编号，后面不再赘述）。
步骤码个数	1个（除2号位角块外，只有5号位这一个角块错误）。

步骤码操作（步骤码＝传输＋魔法公式＋返回）

传　　输：D（底层顺时针转90°，使N位传输到中转魔法位Z原始位）。

魔法公式：RU′R′U′　RUR′F′　RUR′U′　R′FR

返　　回：D′（底层逆时针转90°，使N位返回至N原始位）。

游戏3 步骤码NZ

打乱公式

D2LUL'DLU'L'D

原始位参照图

游戏观察	从固定魔法位D位开始观察，D位上是“n宝宝”，N位上是“z宝宝”，Z位上是“d宝宝”。
游戏方案	第一步：N位与D位交换“宝宝”，此步骤码为N； 第二步：Z位与D位交换“宝宝”，此步骤码为Z。
步骤码	NZ
步骤码个数	2个（除2号位角块外，5号位和8号位两个角块错误）。

步骤码操作（步骤码＝传输＋魔法公式＋返回）

我们在游戏1和游戏2中已经操作过步骤码N和Z，这里只需要先完成步骤码N，再完成步骤码Z，即可复原魔方。

位置的传输与返回

我们已经理解了步骤码的原理，接下来学习每个位置的传输与返回公式。

由于2号位的D、E、F不会出现在步骤码中，中转魔法位Z位是不需要传输的，所以24个位置只有20个位置需要传输到Z原始位。每个位置的传输公式与返回公式重在理解，不用死记。

以红色面、白色面和绿色面为例：

红色面上N位只要下层顺时针转90°即可直达Z原始位，那么B、L、Y只需要先转动前层到N原始位，再转到Z原始位即可。

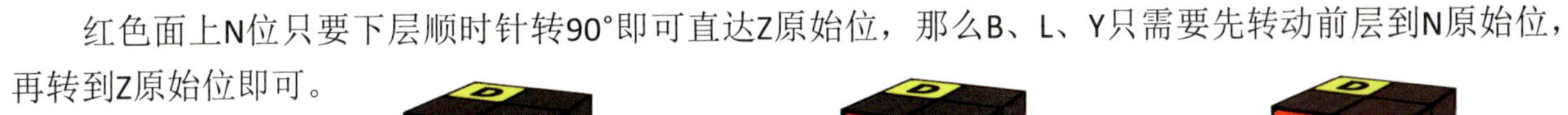

绿色面上Z位就是中转魔法位，K、I、S只需要转动右层就可以到达Z原始位，例如S位：

白色面上W位只要前层逆时针转90°即可直达Z原始位，那么X、R、O只需要转动下层先到W原始位，再转到Z原始位即可。

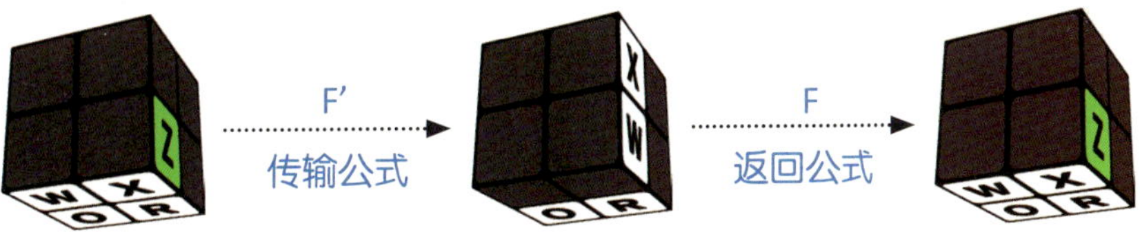

这里需要强调的是：D位是固定魔法位，是固定不动的，因此所有的传输与返回都不能转动后层、上层和左层。

下面将每个位置的传输与返回进行汇总，每个位置的传输方法都不止一种，例如：位置Y的传输公式可以是FD、DR或RF，这里只展示一种，大家可根据自己的习惯固定一种传输的方式。

红色面	位置	传输公式	返回公式
	N	D	D′
	B	F′D	D′F
	L	F2D	D′F′2
	Y	FD	D′F′

玩法提示：N 位一步到位，其他位转动前层先到 N 原始位，再转到 Z 原始位。

绿色面	位置	传输公式	返回公式
	Z	无	无
	K	R′	R
	I	R2	R′2
	S	R	R′

玩法提示：Z 位就是中转魔法位，其他位转动右层即可到达 Z 原始位。

白色面

位置	传输公式	返回公式
W	F′	F
X	D′F′	FD
R	D2F′	FD′2
O	DF′	FD′

玩法提示：W 位一步到位，其他位转动底层，先到 W 原始位，再转到 Z 原始位。

熟悉了红色、绿色和白色面上的位置传输与返回公式后，黄色、蓝色和橙色面的位置传输可以通过下表的公式来进行理解和掌握。

其他面

位置	传输公式	返回公式
A	FR′	RF′
G	RD′	DR′
J	F	F′
C	F2	F′2
M	D2R	R′D′2
Q	D2	D′2
P	D′R	R′D
T	D′	D
H	R′F	F′R

每个位置的传输与返回公式都熟悉后，就可以闭着眼睛将位置按A、B、C……Y（D、E、F 和Z除外）的顺序练习，每个位置的传输与返回公式都需要练熟。

游戏4 小循环步骤码

打乱公式

x D2U’L’ULDL’U’LUD x’

x

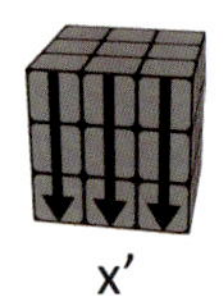

x’

原始位参照图

游戏观察	从固定魔法位D位上开始观察，D 位上是“d宝宝”（位置正确）。现在3、5、7号位置上的角块不正确，每个不正确角块的任意一个面都可以和D位交换“宝宝”，我们选择用N位来举例：N位上是“s宝宝”，S位上是“g宝宝”，G位上是“n宝宝”。
游戏方案1	第一步:N位与D位交换“宝宝”，步骤码为N； 第二步:S位与D位交换“宝宝”，步骤码为S；第三步:G位与D位交换“宝宝”，步骤码为G； 第四步:N位与D位交换“宝宝”，步骤码为N。
步骤码	NSGN（以一个字母开始并以同一字母结束的小循环）。
步骤码个数	3+1（3个角块位置错误，1个小循环，步骤码个数=除2号位外的错误角块数+小循环个数）。

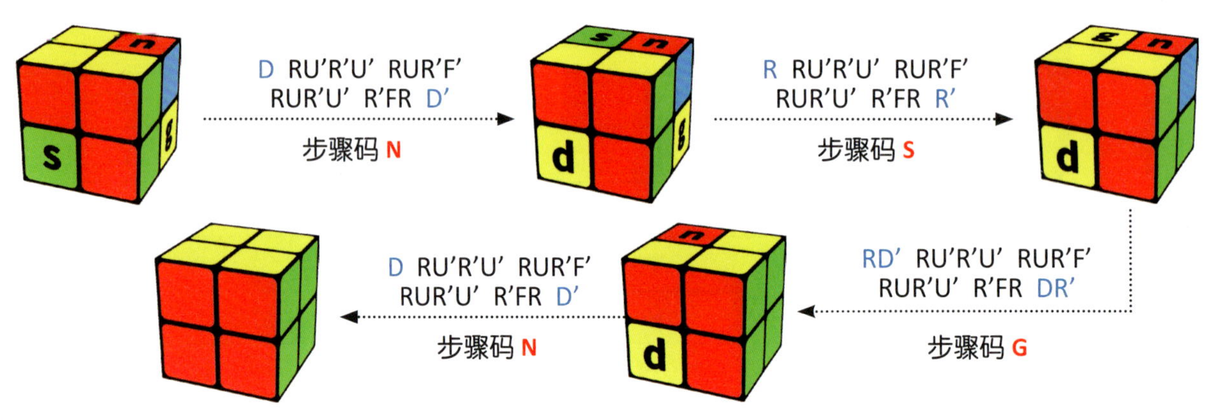

在前面的游戏中，我们已经认识了小循环及其原理。当固定魔法位D位正确时，可以从不正确角块上的任意一个位置开始交换。游戏4有3个角块还没有正确，每个角块有3个位置，可以从9个位置中任意选择一个与D位交换“宝宝”，下面展示其他8个方案。

游戏方案 2	第一步:R位与D位交换“宝宝”，步骤码为R；第二步:I位与D位交换“宝宝”，步骤码为I； 第三步:M位与D位交换“宝宝”，步骤码为M；第四步:R位与D位交换“宝宝”，步骤码为R。 步骤码:RIMR
游戏方案 3	第一步:S位与D位交换“宝宝”，步骤码为S；第二步:G位与D位交换“宝宝”，步骤码为G； 第三步:N位与D位交换“宝宝”，步骤码为N；第四步:S位与D位交换“宝宝”，步骤码为S。 步骤码:SGNS
游戏方案 4	第一步:T位与D位交换“宝宝”，步骤码为T。第二步:H位与D位交换“宝宝”，步骤码为H； 第三步:W位与D位交换“宝宝”，步骤码为W。第四步:T位与D位交换“宝宝”，步骤码为T。 步骤码:THWT
游戏方案 5	第一步:G位与D位交换“宝宝”，步骤码为G；第二步:N位与D位交换“宝宝”，步骤码为N； 第三步:S位与D位交换“宝宝”，步骤码为S；第四步:G位与D位交换“宝宝”，步骤码为G。 步骤码:GNSG
游戏方案 6	第一步:H位与D位交换“宝宝”，步骤码为H；第二步:W位与D位交换“宝宝”，步骤码为W； 第三步:T位与D位交换“宝宝”，步骤码为T；第四步:H位与D位交换“宝宝”，步骤码为H。 步骤码:HWTH
游戏方案 7	第一步:I位与D位交换“宝宝”，步骤码为I；第二步:M位与D位交换“宝宝”，步骤码为M； 第三步:R位与D位交换“宝宝”，步骤码为R；第四步:I位与D位交换“宝宝”，步骤码为I。 步骤码:IMRI
游戏方案 8	第一步:W位与D位交换“宝宝”，步骤码为W；第二步:T位与D位交换“宝宝”，步骤码为T； 第三步:H位与D位交换“宝宝”，步骤码为H；第四步:W位与D位交换“宝宝”，步骤码为W。 步骤码:WTHW
游戏方案 9	第一步:M位与D位交换“宝宝”，步骤码为M；第二步:R位与D位交换“宝宝”，步骤码为R； 第三步:I位与D位交换“宝宝”，步骤码为I；第四步:M位与D位交换“宝宝”，步骤码为M。 步骤码:MRIM

游戏5 再识小循环

打乱公式

FRF’R’

原始位参照图

游戏观察	从固定魔法位D位上开始观察，D 位上是“d宝宝”（位置正确）。现在1、4、7、8号位置上的角块不正确，每个不正确的角块上的任意一个位置都可以和D位交换“宝宝”。这里有两个小循环，第一个小循环选择从Z位开始交换“宝宝”：Z位上是“t宝宝”，T位上是“x宝宝”；第二个小循环选择从J位开始交换“宝宝”：J位上是“c宝宝”，C位上是“l宝宝”。
游戏方案	第一步：Z位与D位交换“宝宝”，步骤码为Z； 第二步：T位与D位交换“宝宝”，步骤码为T； 第三步：X位与D位交换“宝宝”，步骤码为X； 第四步：J位与D位交换“宝宝”，步骤码为J； 第五步：C位与D位交换“宝宝”，步骤码为C； 第六步：L位与D位交换“宝宝”，步骤码为L。 ZTX JCL 依次完成步骤码
步骤码	ZTX JCL
步骤码个数	4+2（4个角块错误，2个小循环。步骤码个数=除2号位外的错误角块数+小循环个数）。

小循环解读

游戏4是以某字母开头并以该字母结尾，游戏5是以某字母开头，但以该角块上的另一个字母结尾。**在二阶盲拧中，开头与结尾的字母只要在同一个角块上，就称为小循环。**

游戏6 微循环步骤码

打乱公式

F′ RUR′URU2R′

L′U′LU′L′U′2L F

（黑体部分公式为三阶入门第六关的“小鱼游戏”）

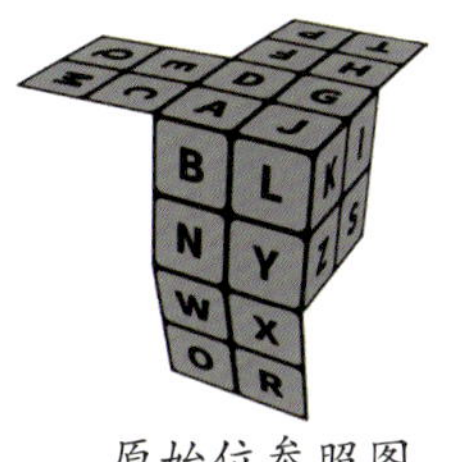

原始位参照图

游戏观察	4号角块需要顺时针原地翻转（2号角块无需关注），J位是“k宝宝”。
游戏方案	第一步：J位与D位交换“宝宝”，步骤码为J； 第二步：K位与D位交换“宝宝”，步骤码为K。
步骤码	JK
步骤码个数	2个（1个角块错误，1个微循环。步骤码个数=除2号位外的错误角块数+小循环个数）。

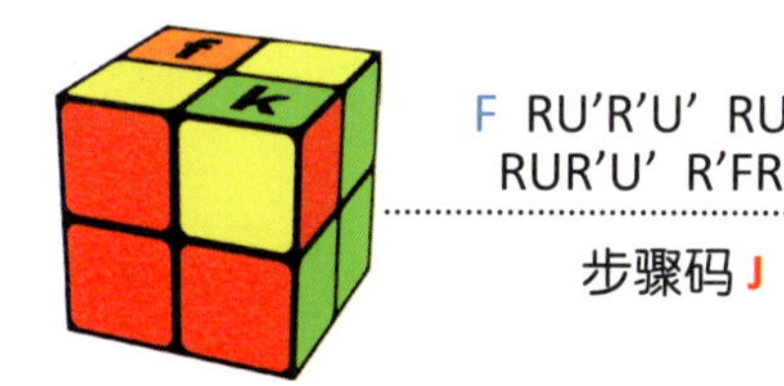

R′ RU′R′U′ RUR′F′
RUR′U′ R′FR R
步骤码 K

微循环解读

角块需要原地翻转时，出现的特殊的小循环称为**微循环**。微循环会出现以这个角块上的某个字母开头并以该角块上的另一字母结尾的步骤码。例如步骤码JK就是同一个角块上的字母，完成这两个步骤码，角块就会实现原地翻转。

这个游戏还可以用K位或L位与D位交换“宝宝”，由于K位上的是“*l*宝宝”，L位上的是“j宝宝”，所以还有另外两个游戏方案，步骤码分别为：KL或LJ。

二阶魔方盲拧的原理是从D位开始观察“宝宝”并编写步骤码，记住所有步骤码后，闭上眼睛依次完成所有的步骤码，将“宝宝们”送回原位。

实战1

打乱公式

F2 U2 R2 F U′

原始位参照图

编写步骤码	AWZR GI JK（两个微循环分别选择从G位和J位开始）。
记忆步骤码	“AWZRGIJK”可以联想记忆成：啊，我这人更爱健康（自由发挥联想）。
动手操作	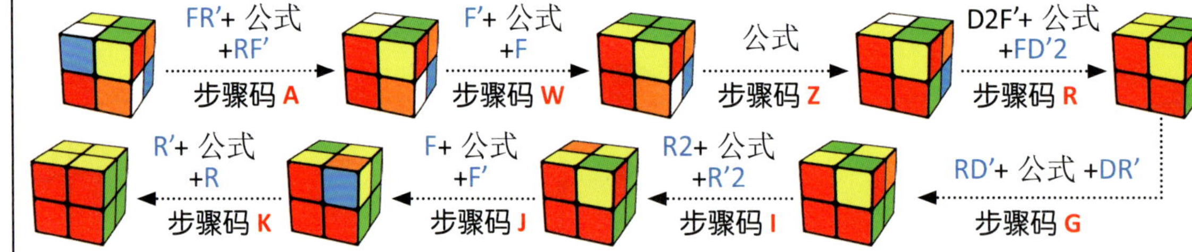

步骤码个数解读

除D位外的所有角块个数为7个，我们可以先观察正确角块个数为1个，所以错误角块为7-1个。微循环个数有2个，因此步骤码个数为：7-1+2=8。我们可以根据数量来检查步骤码是否完整。

我们还可以根据步骤码所在角块来检查是否有角块遗漏。如实战1中没有出现OPQ，就需要去查看OPQ（6号角块）位置是否正确。如不正确，则这个角块可能是错编或漏编；如正确，则已完成所有步骤码。

实战2

打乱公式

F R2 U R’

原始位参照图

编写步骤码	MXJ CTGB（做完MXJ后，DEF角块回到2号位，后面的小循环选择从C位开始）。
记忆步骤码	“MXJCTGB”可以联想记忆成：梅西就传他隔壁（自由发挥联想）。
动手操作	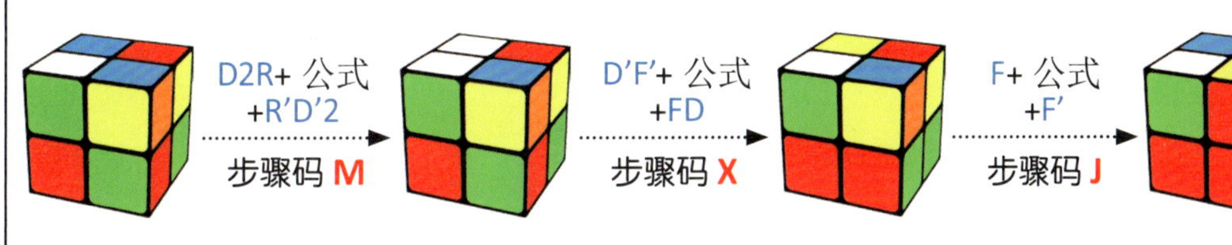 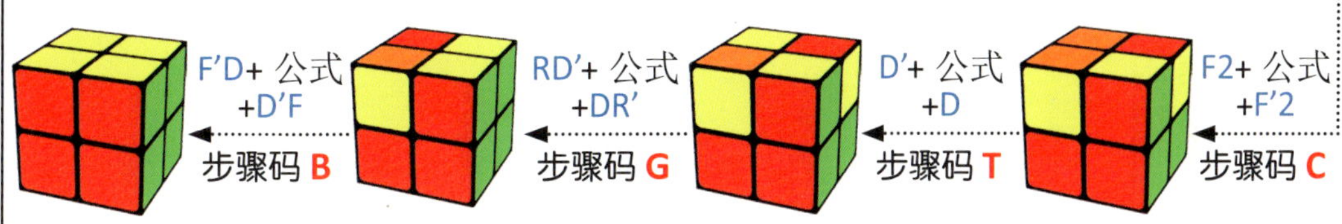

步骤码个数解读

步骤码个数 = 除 2 号位外的错误角块数 + 小循环个数。

我们已经完成了有关二阶魔方盲拧知识的学习，接下来让我们用三个练习来巩固二阶盲拧的技巧吧！

练习1

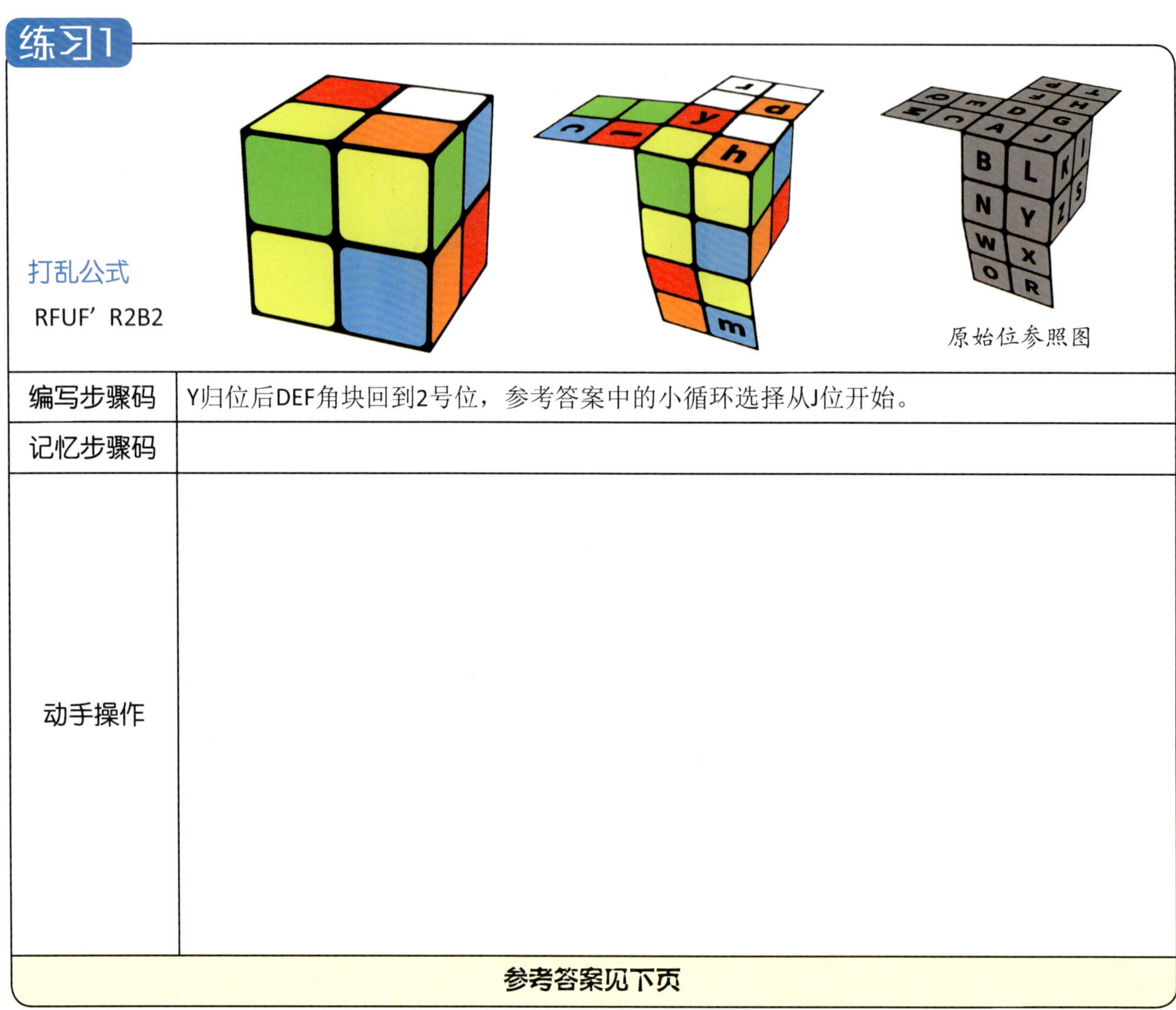

打乱公式

RFUF’R2B2

原始位参照图

编写步骤码	Y归位后DEF角块回到2号位，参考答案中的小循环选择从J位开始。
记忆步骤码	
动手操作	

参考答案见下页

练习1 参考答案

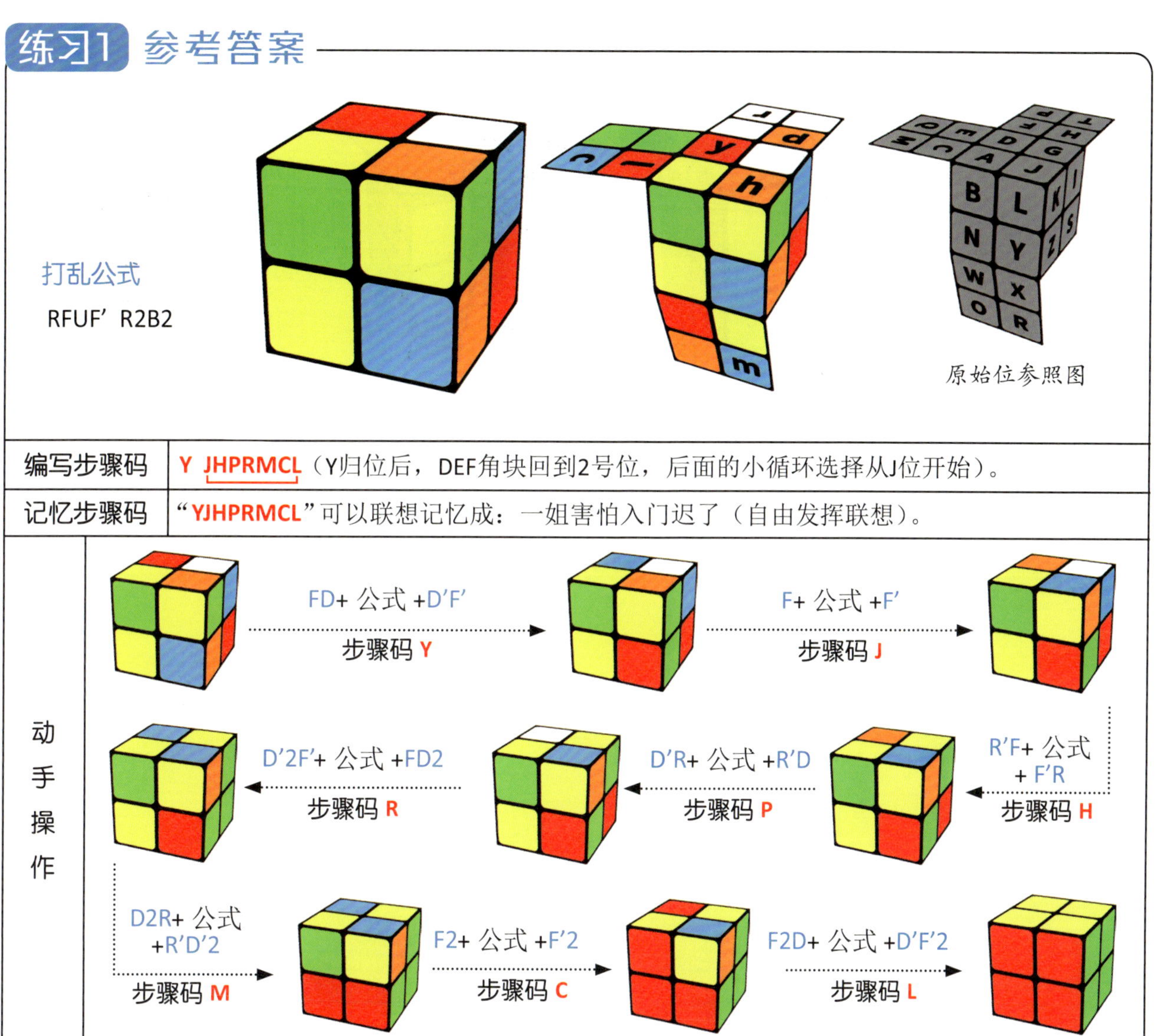

编写步骤码	Y JHPRMCL（Y归位后，DEF角块回到2号位，后面的小循环选择从J位开始）。
记忆步骤码	"YJHPRMCL"可以联想记忆成：一姐害怕入门迟了（自由发挥联想）。

练习2

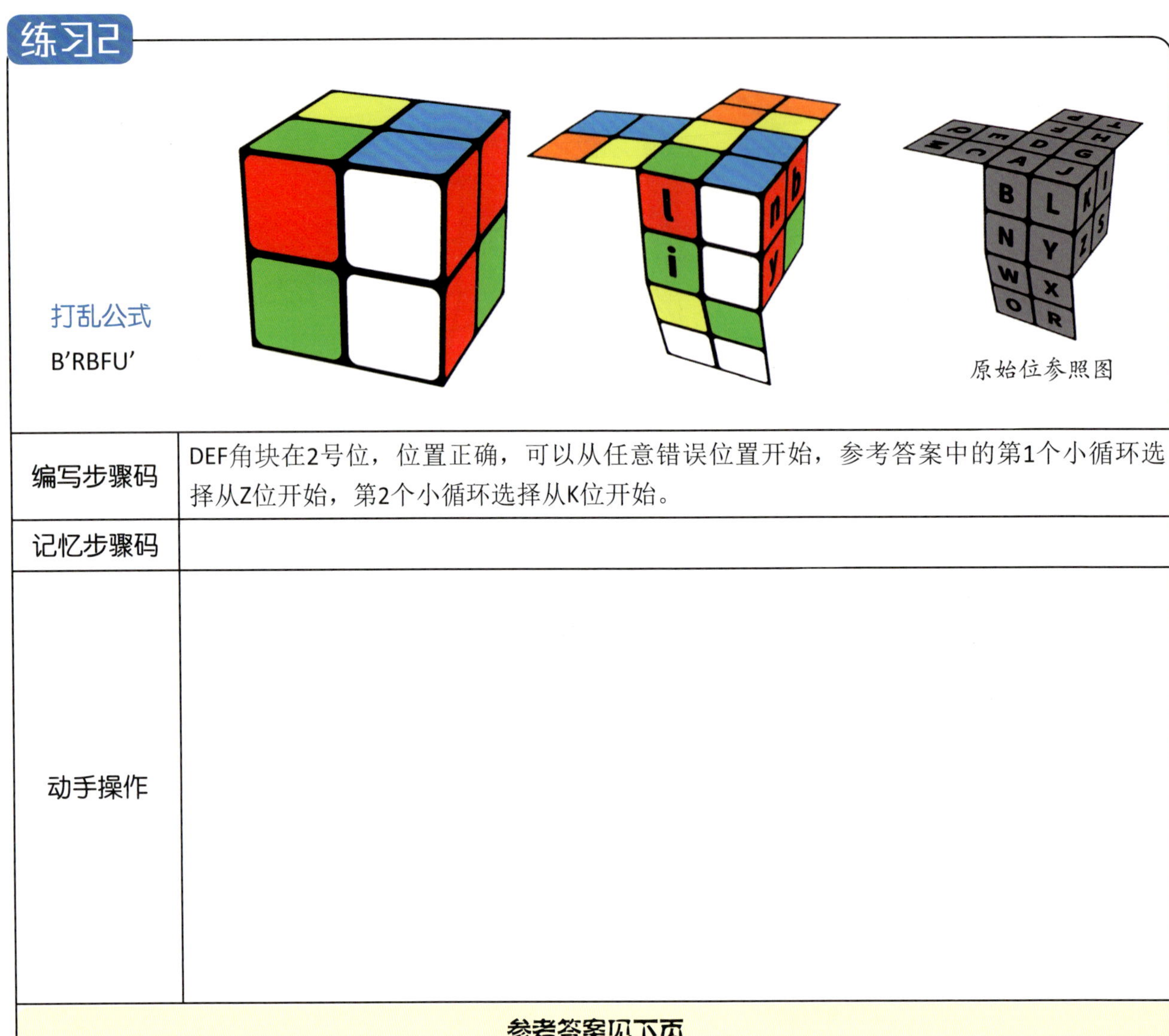

打乱公式

B'RBFU'

原始位参照图

编写步骤码	DEF角块在2号位，位置正确，可以从任意错误位置开始，参考答案中的第1个小循环选择从Z位开始，第2个小循环选择从K位开始。
记忆步骤码	
动手操作	

参考答案见下页

练习2 参考答案

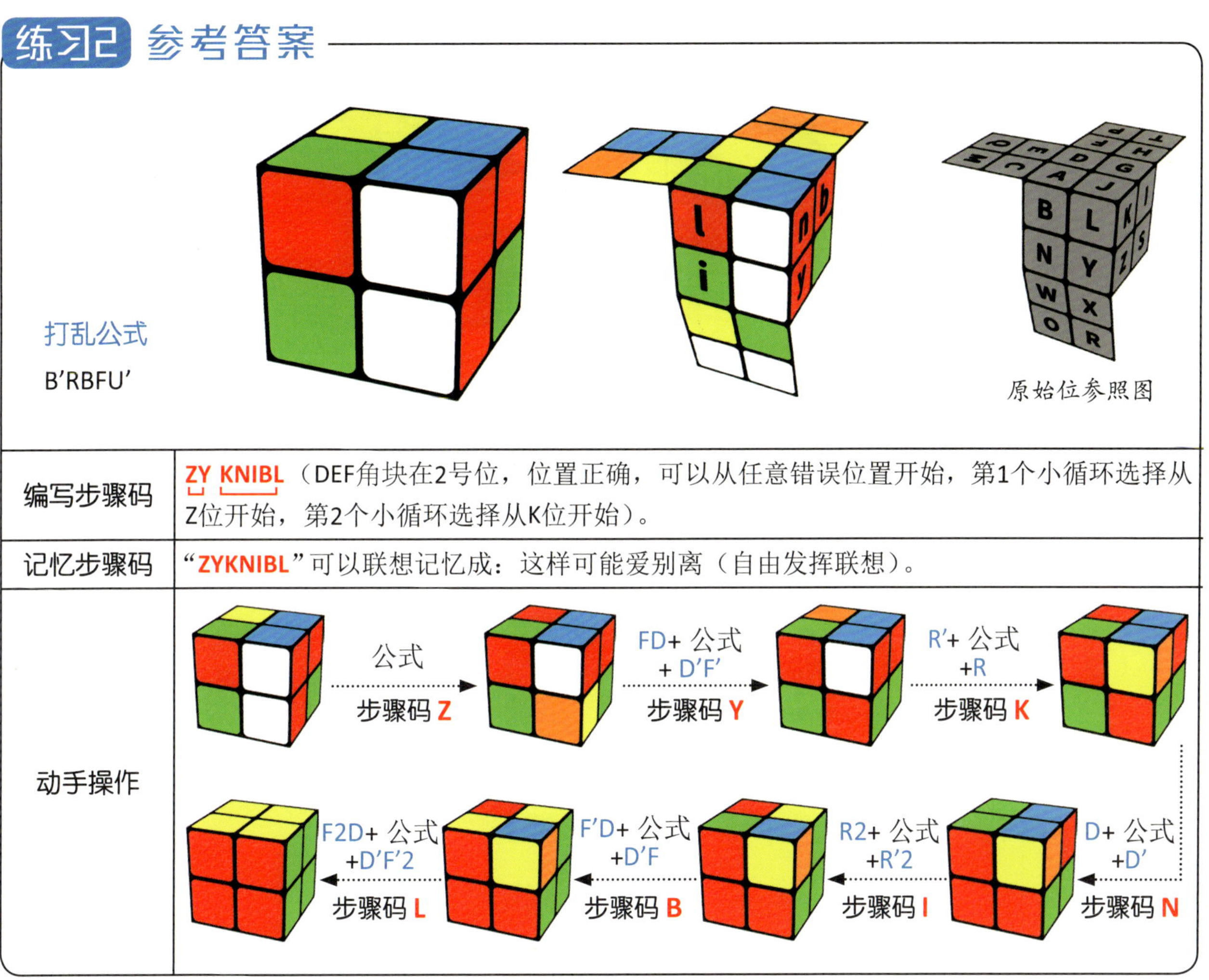

编写步骤码	ZY KNIBL（DEF角块在2号位，位置正确，可以从任意错误位置开始，第1个小循环选择从Z位开始，第2个小循环选择从K位开始）。
记忆步骤码	“ZYKNIBL”可以联想记忆成：这样可能爱别离（自由发挥联想）。
动手操作	公式 步骤码 Z；FD+ 公式 + D’F’ 步骤码 Y；R’+ 公式 +R 步骤码 K；D+ 公式 +D’ 步骤码 N；R2+ 公式 +R’2 步骤码 I；F’D+ 公式 +D’F 步骤码 B；F2D+ 公式 +D’F’2 步骤码 L

打乱公式

RUR’U’ F’R2

原始位参照图

编写步骤码	Z归位后DEF角块回到2号位，参考答案中的小循环选择从S位开始。
记忆步骤码	
动手操作	

参考答案见下页

练习3 参考答案

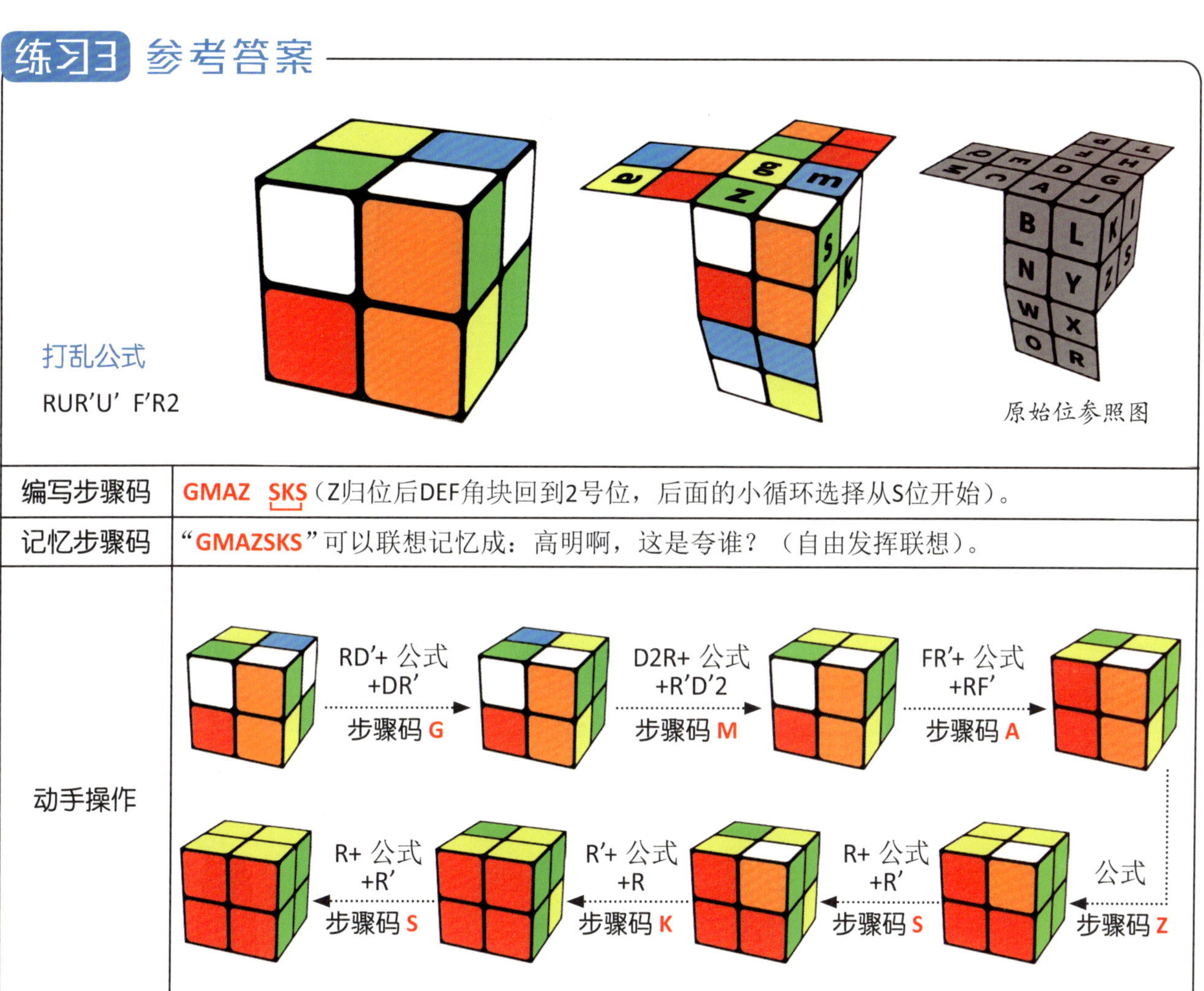

编写步骤码	GMAZ SKS（Z归位后DEF角块回到2号位，后面的小循环选择从S位开始）。
记忆步骤码	“GMAZSKS”可以联想记忆成：高明啊，这是夸谁？（自由发挥联想）。

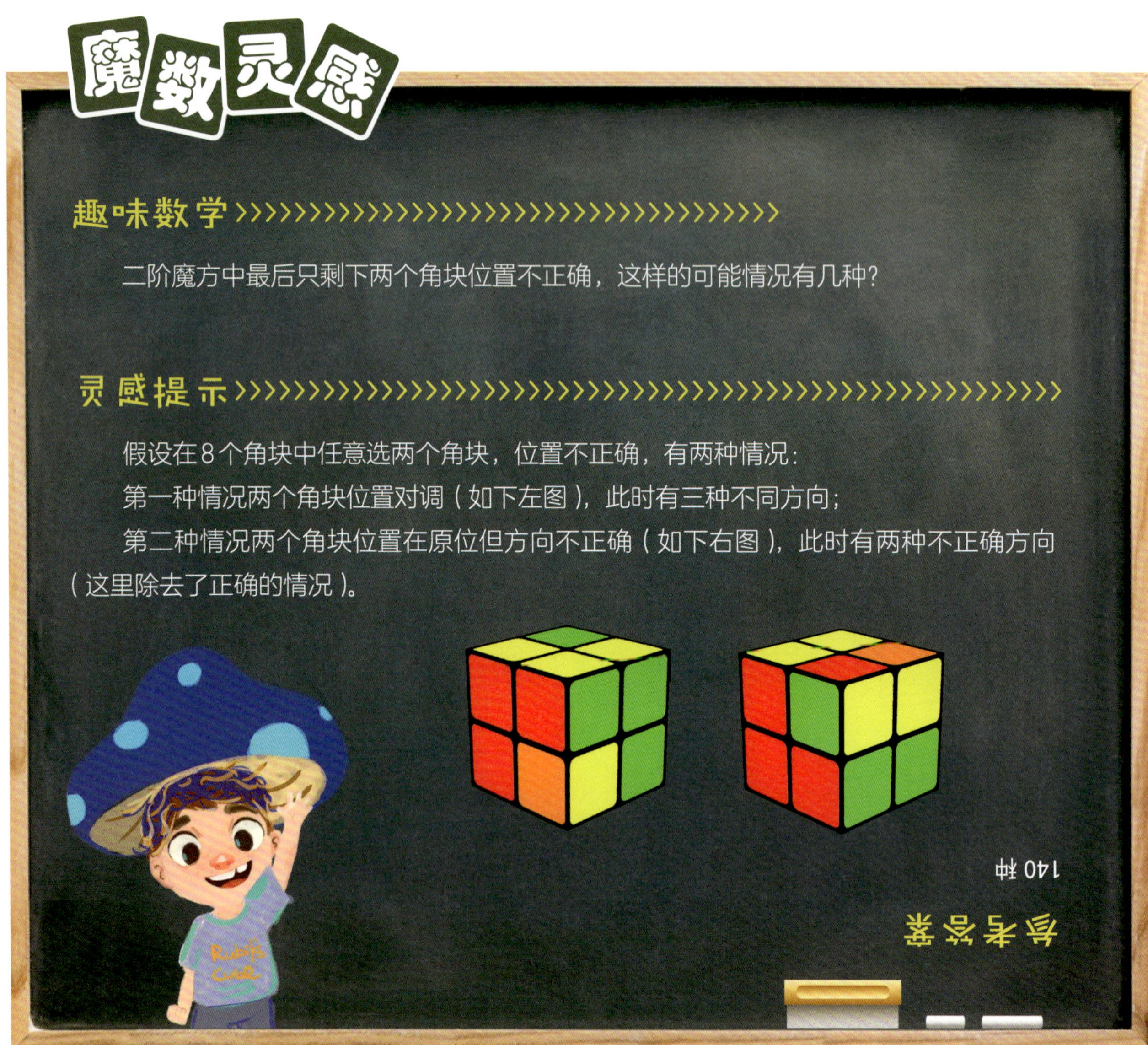

魔数灵感

趣味数学

二阶魔方中最后只剩下两个角块位置不正确，这样的可能情况有几种？

灵感提示

假设在8个角块中任意选两个角块，位置不正确，有两种情况：

第一种情况两个角块位置对调（如下左图），此时有三种不同方向；

第二种情况两个角块位置在原位但方向不正确（如下右图），此时有两种不正确方向（这里除去了正确的情况）。

参考答案

140种

跟着游戏学魔方 >>>>>>>>>>>>

角块的复原

三阶魔方盲拧的角块和棱块是分开复原的，我们学会了二阶魔方盲拧，相当于会盲拧三阶魔方的角块部分。

下面是三阶魔方与二阶魔方的角块对照图：

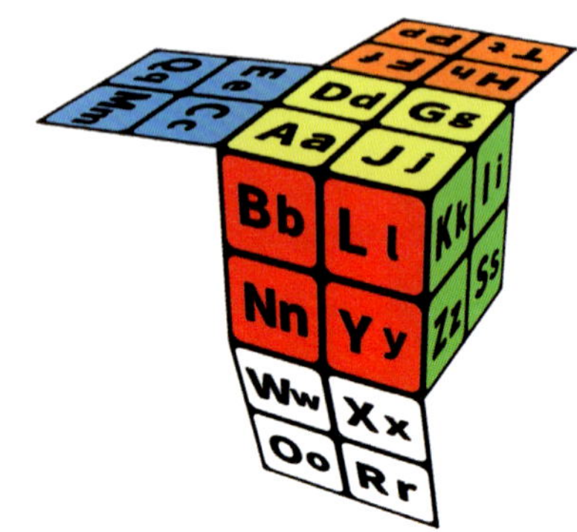

三阶魔方角块的复原方法只需参考二阶盲拧的方法即可。

棱块的复原

接下来我们只需要学会棱块部分的复原，再将两者结合起来，三阶盲拧的学习就完成了。

复原角块的方法采用一步法，同时使角块方向和位置都正确，步骤码用英文字母表示。

复原棱块的方法采用二步法，先调整棱块的方向，再调整棱块的位置，步骤码用阿拉伯数字和两个中文字“日、月”表示。

此方法的优点是棱块和角块的步骤码被区分开来，记忆更简单分明。

棱块上的位置编号与棱块编号

位置编号

以“黄上红前”为固定坐标时，用阿拉伯数字 0～9 和两个中文字日和月作为 12 个棱块位置的编号。日和月有利于串联记忆，你也可以根据自己的喜好来对这两个位置进行编号。

编号从上层开始，然后是下层，最后是中层。

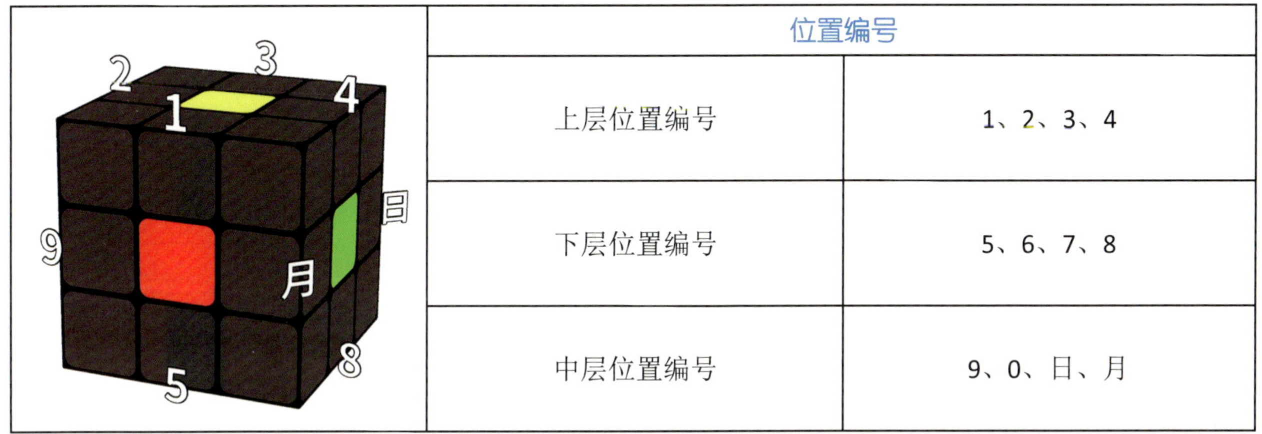

位置编号	
上层位置编号	1、2、3、4
下层位置编号	5、6、7、8
中层位置编号	9、0、日、月

上层位置编号：1 号位是上层与前层交叉的棱块位置，2 号位是上层与左层交叉的棱块位置，3 号位是上层与后层交叉的棱块位置，4 号位是上层与右层交叉的棱块位置。

下层位置编号：5 号位是下层与前层交叉的棱块位置，6 号位是下层与左层交叉的棱块位置，7 号位是下层与后层交叉的棱块位置，8 号位是下层与右层交叉的棱块位置。

中层位置编号：9 号位是前层与左层交叉的棱块位置，0 号位是左层与后层交叉的棱块位置，“日”号位是后层与右层交叉的棱块位置，“月”号位是右层与前层交叉的棱块位置。

每个位置的初始位置就是原始位。在传输之前，位置和原始位重合，位置只有在传输时才会离开原始位，我们需要记住的是每个编号对应的原始位。

棱块编号

每个棱块都有专属编号，在复原的情况下，棱块的编号和位置的编号是一致的。例如1号棱块就专指黄红棱块，就是在魔方复原时处于1号位置上的棱块。具体棱块编号如下：

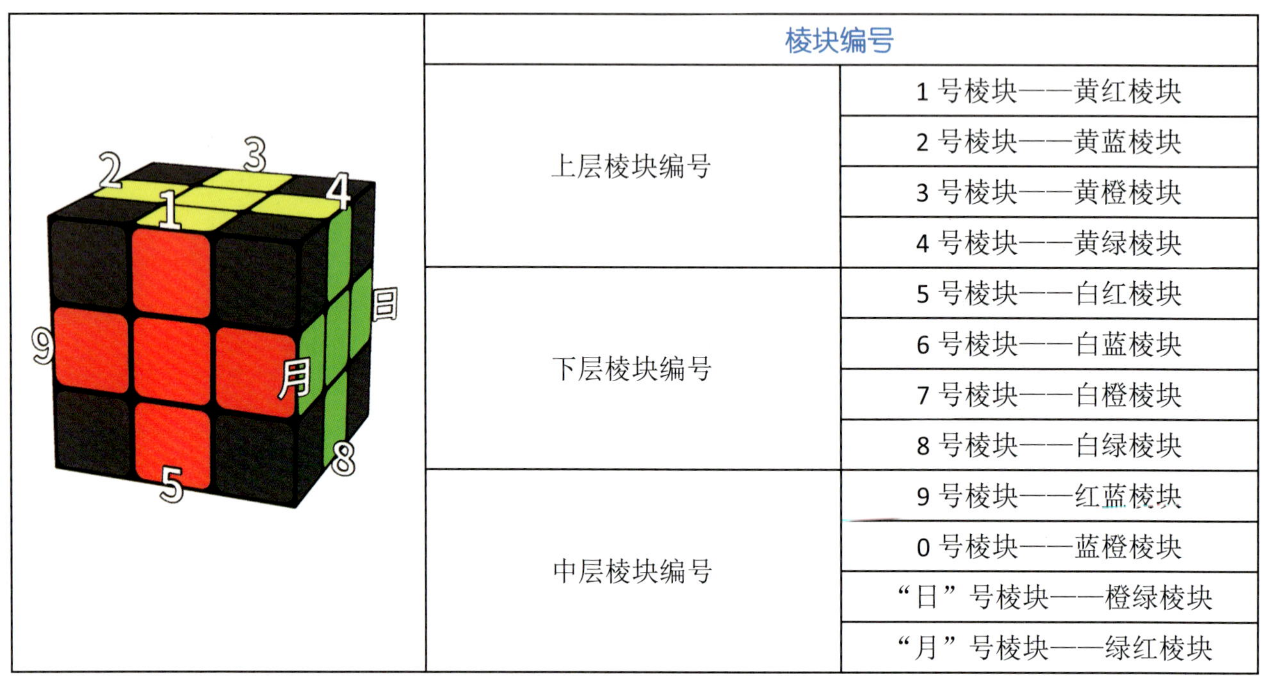

棱块编号	
上层棱块编号	1 号棱块——黄红棱块
	2 号棱块——黄蓝棱块
	3 号棱块——黄橙棱块
	4 号棱块——黄绿棱块
下层棱块编号	5 号棱块——白红棱块
	6 号棱块——白蓝棱块
	7 号棱块——白橙棱块
	8 号棱块——白绿棱块
中层棱块编号	9 号棱块——红蓝棱块
	0 号棱块——蓝橙棱块
	“日”号棱块——橙绿棱块
	“月”号棱块——绿红棱块

如何理解棱块位置编号与棱块编号的关系？在魔方打乱的情况下，棱块的位置编号和棱块的编号不一致，此时位置仍旧在原始位上，但棱块可以跑到别的位置上。

例如下图中，有3个棱块还没有复原，我们只要将棱块编号与棱块位置编号一对照就可以看出它们的关系。

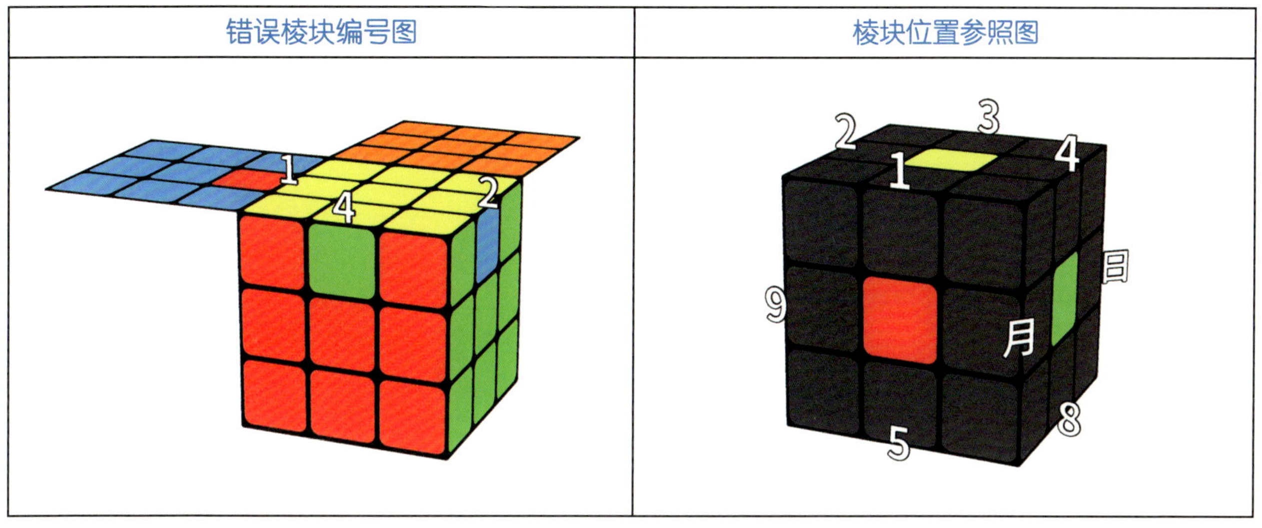

从两张对比图中可以看出，1号位上的是4号棱块，2号位上的是1号棱块，4号位上的是2号棱块，其他位置的棱块都正确。

棱块复原第一步——翻棱

魔方打乱后，首先要固定“黄上红前”的坐标，判断哪些是方向错误的棱块，然后把方向错误的棱块进行一定的组合，利用翻棱公式，调整错误棱块的方向。

棱块方向的识别

如何判断棱块的方向是否正确？我们规定：“黄奶奶”和“白奶奶”年纪最大，所以上面和下面称为最大面；“红奶奶”和“橙奶奶”年纪中等，所以前面和后面称为中等面；“蓝奶奶”和“绿奶奶”年纪最小，所以左面和右面称为最小面。

相应的，“黄妈妈”和“白妈妈”的年纪最大，“红妈妈”和“橙妈妈”年纪中等，“蓝妈妈”和“绿妈妈”年纪最小。

每个棱块上有两个不同年纪的“妈妈”，若年纪较大的“妈妈”处在相对较大的面，棱块方向正确，反之棱块方向错误。

总结如下表：

<table>
<tr><td>规则</td><td>最大
（上面、下面）
（“黄妈妈”、“白妈妈”）</td><td>中等
（前面、后面）
（“红妈妈”、“橙妈妈”）</td><td>最小
（左面、右面）
（“蓝妈妈”、“绿妈妈”）</td></tr>
<tr><td>判断依据</td><td colspan="3">年纪较大的“妈妈”处于较大的面，棱块方向正确。
年纪较大的“妈妈”处于较小的面，棱块方向错误。</td></tr>
<tr><td>实操技巧</td><td colspan="3">上面、下面是“黄妈妈”或“白妈妈”，方向一定正确；左面、右面是“黄妈妈”或“白妈妈”，方向一定错误。
上面、下面是“蓝妈妈”或“绿妈妈”，方向一定错误；左面、右面是“蓝妈妈”或“绿妈妈”，方向一定正确。</td></tr>
</table>

棱块方向识别实例

原始位参照图

目标：识别1号位、4号位和“月”号位上的棱块方向是否正确。

棱块及位置	图示	答案分析	答案
1 号位的黄绿棱块		上面（最大面）的“黄妈妈”比前面（中等面）的“绿妈妈”年纪要大，所以方向是正确的。	✓
“月”号位的黄红棱块		前面（中等面）的“红妈妈”比右面（最小面）的“黄妈妈”年纪要小，所以方向是错误的。	✗
4 号位的红绿棱块		上面（最大面）的“绿妈妈”比右面（最小面）的“红妈妈”年纪要小，所以方向是错误的。	✗

翻棱公式与翻棱游戏

方向错误的棱块的数量一定是偶数，只需要掌握以下几个简单的翻棱公式，就能把方向错误的棱块变成方向正确的棱块。

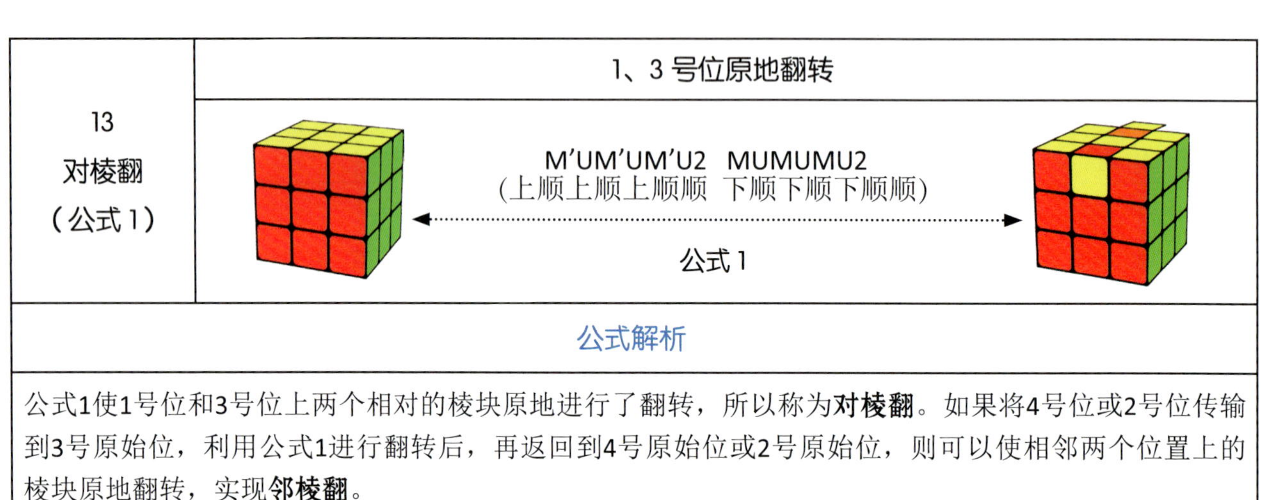

13 对棱翻 （公式 1）	1、3 号位原地翻转
	M'UM'UM'U2　MUMUMU2 (上顺上顺上顺顺　下顺下顺下顺顺) 公式 1

公式解析

公式1使1号位和3号位上两个相对的棱块原地进行了翻转，所以称为**对棱翻**。如果将4号位或2号位传输到3号原始位，利用公式1进行翻转后，再返回到4号原始位或2号原始位，则可以使相邻两个位置上的棱块原地翻转，实现**邻棱翻**。

14 邻棱翻	RB　M'UM'UM'U2　MUMUMU2　B'R' 传输 + 公式 1+ 返回
12 邻棱翻	L'B'　M'UM'UM'U2　MUMUMU2　BL 传输 + 公式 1+ 返回

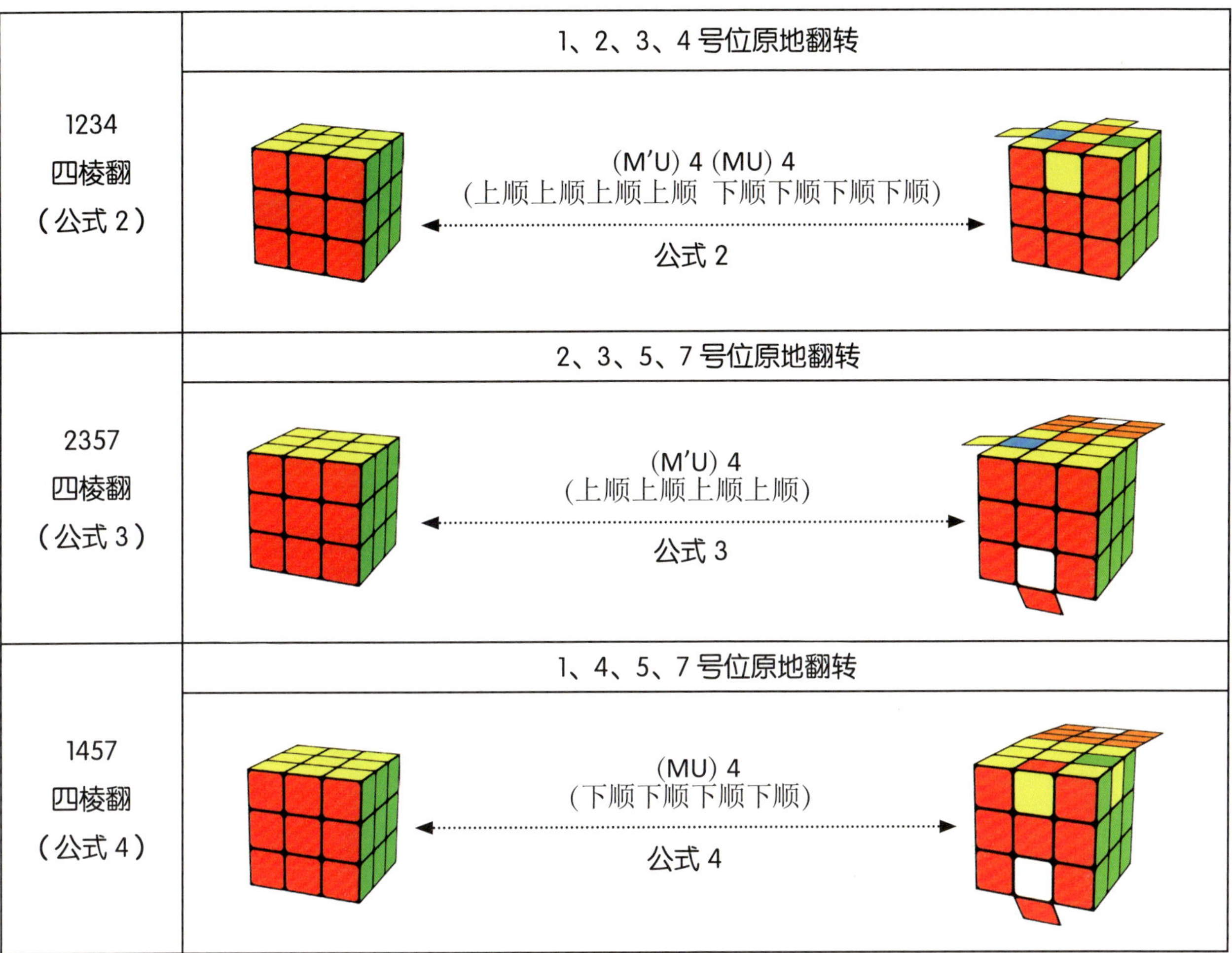

1234 四棱翻 （公式 2）	1、2、3、4 号位原地翻转 (M'U) 4 (MU) 4 (上顺上顺上顺上顺　下顺下顺下顺下顺) 公式 2
2357 四棱翻 （公式 3）	2、3、5、7 号位原地翻转 (M'U) 4 (上顺上顺上顺上顺) 公式 3
1457 四棱翻 （公式 4）	1、4、5、7 号位原地翻转 (MU) 4 (下顺下顺下顺下顺) 公式 4

学习了翻棱的原理后，我们通过下面两个翻棱游戏来进行实际操作。翻棱的方案可以有很多，下面每个游戏给出三种方案供大家参考学习。

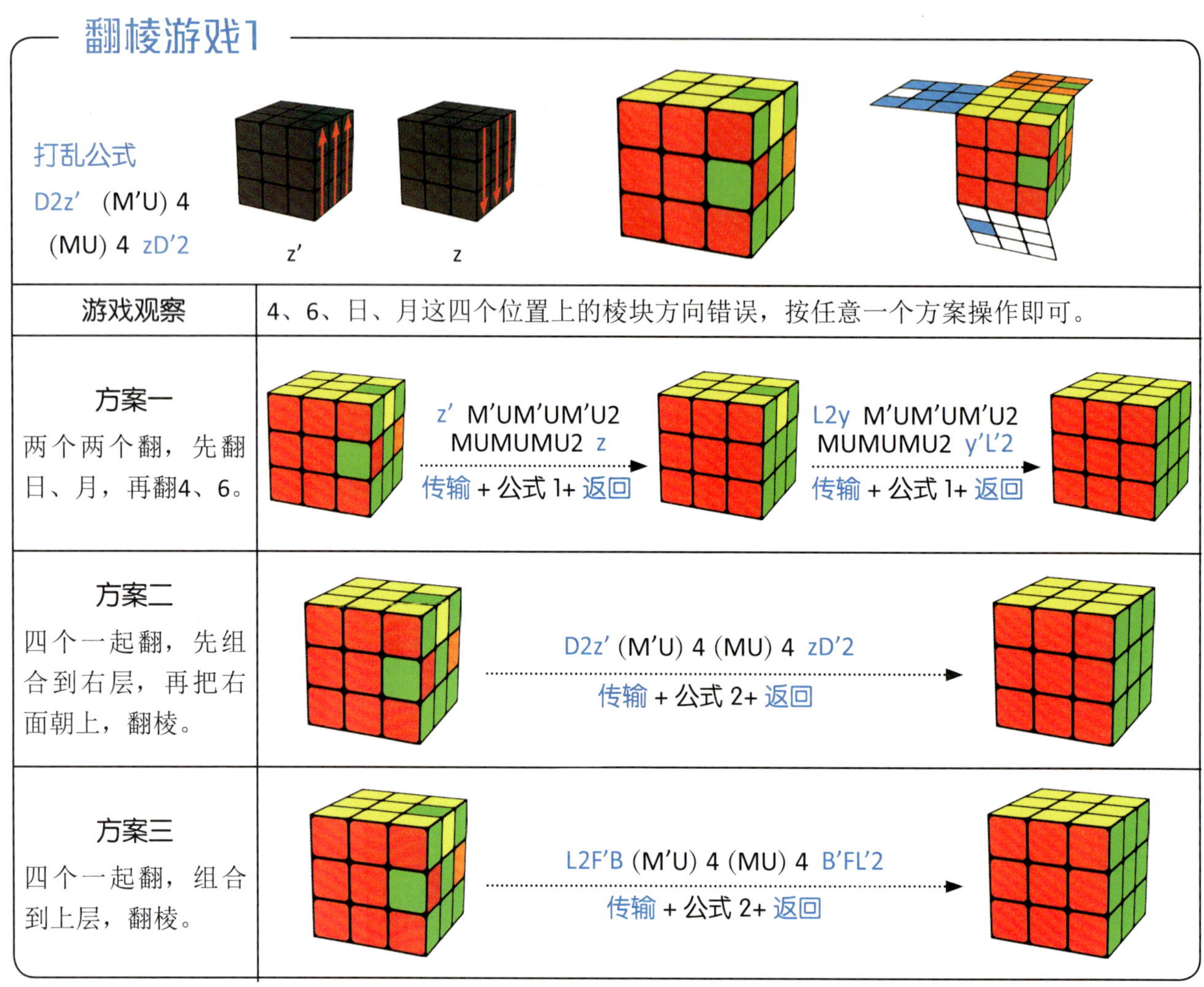

翻棱游戏1

打乱公式

D2z′ (M′U) 4 (MU) 4 zD′2

游戏观察	4、6、日、月这四个位置上的棱块方向错误，按任意一个方案操作即可。
方案一 两个两个翻，先翻日、月，再翻4、6。	z′ M′UM′UM′U2 MUMUMU2 z 传输 + 公式 1+ 返回 L2y M′UM′UM′U2 MUMUMU2 y′L′2 传输 + 公式 1+ 返回
方案二 四个一起翻，先组合到右层，再把右面朝上，翻棱。	D2z′ (M′U) 4 (MU) 4 zD′2 传输 + 公式 2+ 返回
方案三 四个一起翻，组合到上层，翻棱。	L2F′B (M′U) 4 (MU) 4 B′FL′2 传输 + 公式 2+ 返回

翻棱游戏2

打乱公式

x2D2L′

(R′FRU) 5

LD′2x′2

x2

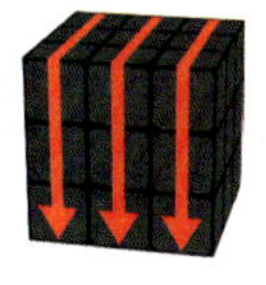

x′2

游戏观察	1、4、0、5、7、8这六个位置上的棱块方向错误。
方案一 第一步：1457 第二步：08	 (MU) 4 → 公式 4；LR2y M′UM′UM′U2 MUMUMU2 y′R′2L′ → 传输 + 公式 1+ 返回  
方案二 第一步：1408 第二步：57	 B2Fz′ (M′U) 4 (MU) 4 zF′B′2 → 传输 + 公式 2+ 返回；x2 M′UM′UM′U2 MUMUMU2 x′2 → 传输 + 公式 1+ 返回  
方案三 第一步：14 第二步：0578	 RB M′UM′UM′U2 MUMUMU2 B′R′ → 传输 + 公式 1+ 返回；L′x2 (M′U) 4 (MU) 4 x′2L → 传输 + 公式 2+ 返回  

魔法解读

选择方案后，盲拧时无需记住方向错误棱块具体位置，而是记住翻棱方案。

棱块复原第二步——归位

基本魔法公式及应用

顺时针三棱换公式：R2U RUR′U′ R′U′R′UR′

逆时针三棱换公式：RU′ RURU RU′R′U′R′2

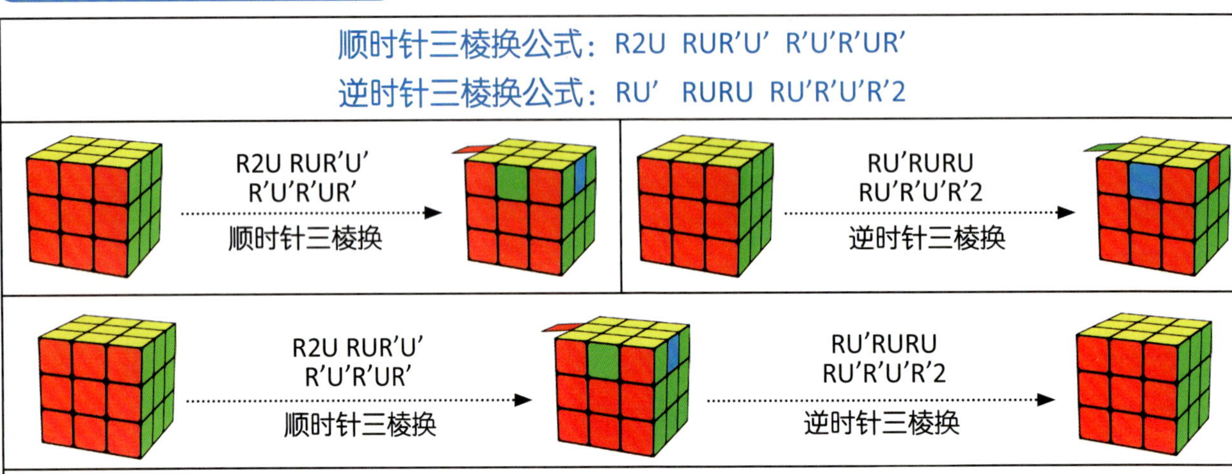

公式解析

三棱换公式的本质是让上层位于前、左、右位置上这三个棱块发生轮换，顺时针三棱换和逆时针三棱换互为逆公式。

当红色面面对我们时，这两个公式使得1、2、4号原始位上这三个棱块发生了轮换。

顺时针三棱换把1号位上的棱块送到2号位，2号位的棱块送到4号位，4号位上的棱块送到1号位；逆时针三棱换则把1号位上的棱块送到4号位，4号位的棱块送到2号位，2号位上的棱块送到1号位。

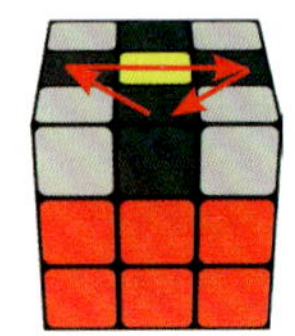

顺时针三棱换

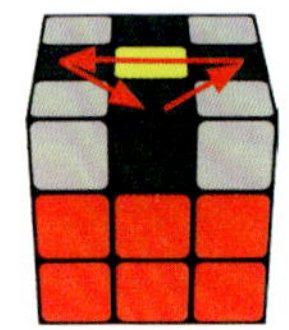

逆时针三棱换

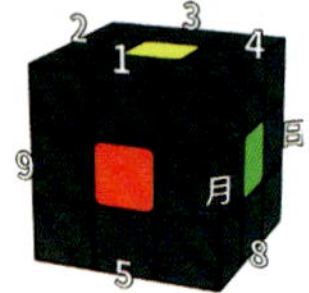

原始位参照图

了解了三棱换的原理后，我们可以灵活应用三棱换公式实现上层任意三个原始位上棱块的轮换。下面以一个复原的魔方进行详细解析：

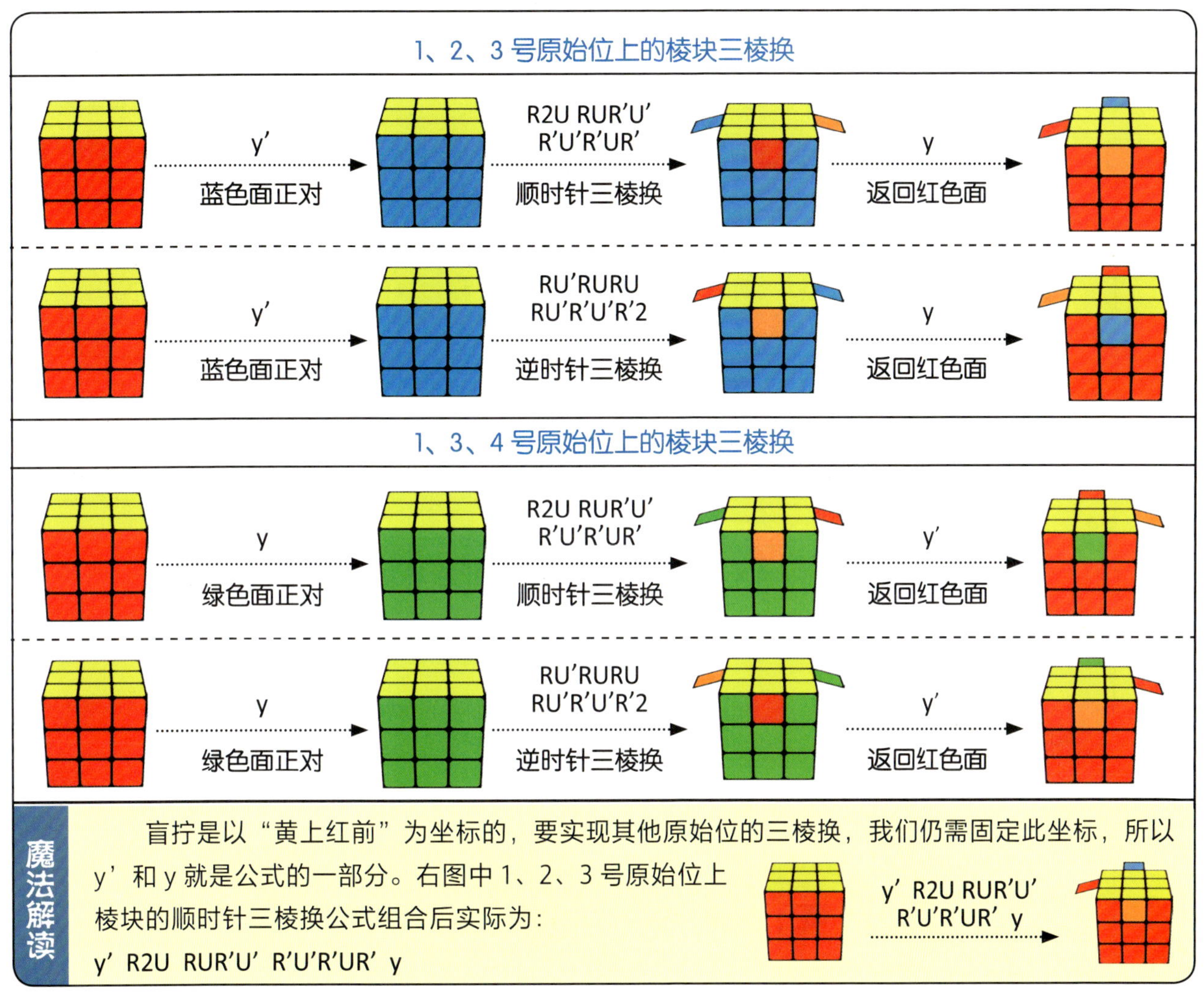

魔法解读

盲拧是以“黄上红前”为坐标的，要实现其他原始位的三棱换，我们仍需固定此坐标，所以 y′ 和 y 就是公式的一部分。右图中 1、2、3 号原始位上棱块的顺时针三棱换公式组合后实际为：

y′ R2U RUR′U′ R′U′R′UR′ y

根据三棱换公式的原理，我们设定：1号原始位为固定魔法位，2、3、4号原始位中的任意两个位置为中转魔法位。那么棱块复原的基本魔法公式一共有六个，分别是：24公式、42公式、23公式、32公式、34公式、43公式。

下面请用一个复原的魔方按照**打乱公式**获得初始状态进行观察操作。

原始位参照图

24公式

打乱公式
RU′RURU
RU′R′U′R′2

从固定魔法位1号位开始观察，1号位上是2号棱块，2号位上是4号棱块，4号位上是1号棱块，这样的步骤码就是24。直接做顺时针三棱换公式，就可以让2号、4号棱块归位（同时1号棱块也回到了1号固定魔法位）。

所以**“顺时针三棱换公式”**又简称为**24公式**。

R2U RUR′U′ R′U′R′UR′

24 公式

公式应用

打乱公式
L′R RU′RURU
RU′R′U′R′2 R′L

从固定魔法位1号位开始观察，1号位上是9号棱块，9号位上是月号棱块，月号位上是1号棱块。步骤码：9月。

步骤码操作（步骤码＝传输＋魔法公式＋返回）

传　　输：L′R（把9号位传输到2号原始位，把月号位传输到4号原始位）。

魔法公式：24公式。

返　　回：R′L（月号位返回至月号原始位，9号位返回至9号原始位）。

L′R 传输 → R2U RUR′U′ R′U′R′UR′ 24 公式 → R′L 返回

42 公式

从固定魔法位1号位开始观察，1号位上是4号棱块，4号位上是2号棱块，2号位上是1号棱块，这样的步骤码就是42。直接做逆时针三棱换公式，就可以让4号、2号棱块归位（同时1号棱块也回到了1号固定魔法位）。

所以“**逆时针三棱换公式**”又简称为42公式。

打乱公式

R2U RUR′U′

R′U′R′UR′

RU′RURU RU′R′U′R′2

42 公式

公式应用

从固定魔法位1号位开始观察，1号位上是月号棱块，月号位上是9号棱块，9号位上是1号棱块。步骤码：月9。

步骤码操作（步骤码=传输+魔法公式+返回）

传　　输： L′R（把9号位传输到2号原始位，把月号位传输到4号原始位）。

魔法公式： 42公式。

返　　回： R′L（月号位返回至月号原始位，9号位返回至9号原始位）。

打乱公式

L′R R2U RUR′U′

R′U′R′UR′ R′L

L′R 传输 → RU′RURU RU′R′U′R′2 42 公式 → R′L 返回

公式解读

从 24 公式和 42 公式的两个应用中可以看出，9 月和月 9 的传输和返回是一样的，都是 9 号位传输到 2 号原始位，月号位传输到 4 号原始位，所以 9 月用 24 公式，月 9 采用 42 公式。

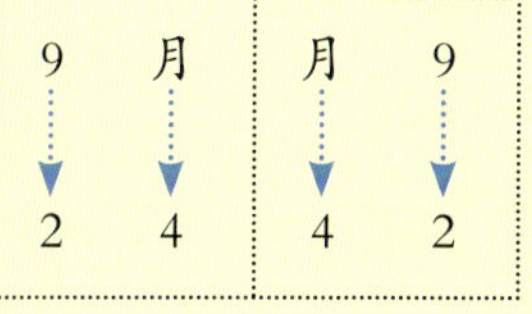

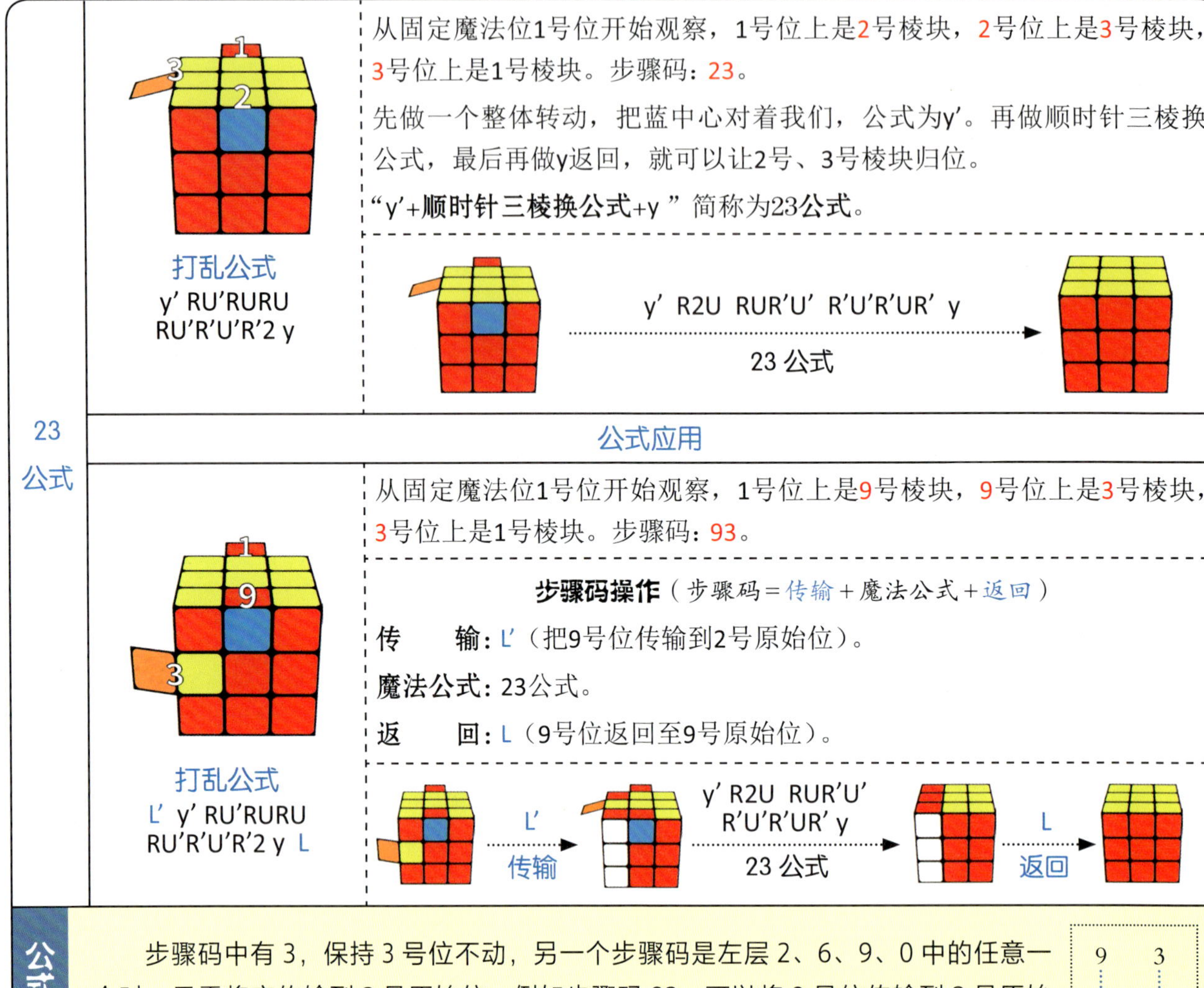

公式解读

步骤码中有 3，保持 3 号位不动，另一个步骤码是左层 2、6、9、0 中的任意一个时，只需将它传输到 2 号原始位。例如步骤码 93，可以将 9 号位传输到 2 号原始位。所以步骤码 93 采用 23 公式。

9	3
↓	↓
2	3

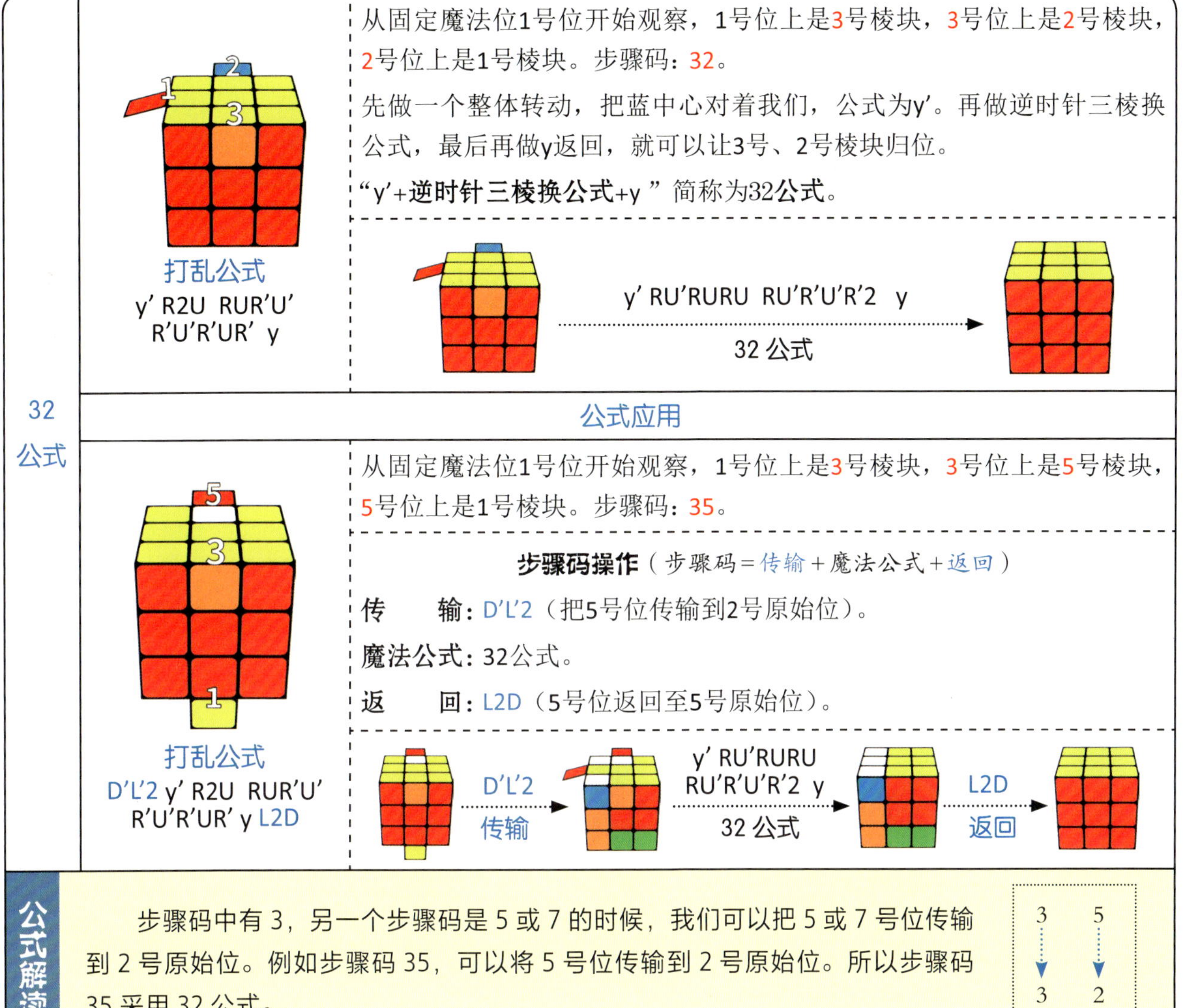

从固定魔法位1号位开始观察，1号位上是3号棱块，3号位上是2号棱块，2号位上是1号棱块。步骤码：32。

先做一个整体转动，把蓝中心对着我们，公式为y'。再做逆时针三棱换公式，最后再做y返回，就可以让3号、2号棱块归位。

"y'+逆时针三棱换公式+y " 简称为**32公式**。

从固定魔法位1号位开始观察，1号位上是3号棱块，3号位上是5号棱块，5号位上是1号棱块。步骤码：35。

步骤码操作（步骤码＝传输＋魔法公式＋返回）

传　　输： D'L'2（把5号位传输到2号原始位）。

魔法公式： 32公式。

返　　回： L2D（5号位返回至5号原始位）。

公式解读

步骤码中有 3，另一个步骤码是 5 或 7 的时候，我们可以把 5 或 7 号位传输到 2 号原始位。例如步骤码 35，可以将 5 号位传输到 2 号原始位。所以步骤码 35 采用 32 公式。

3 → 3　　5 → 2

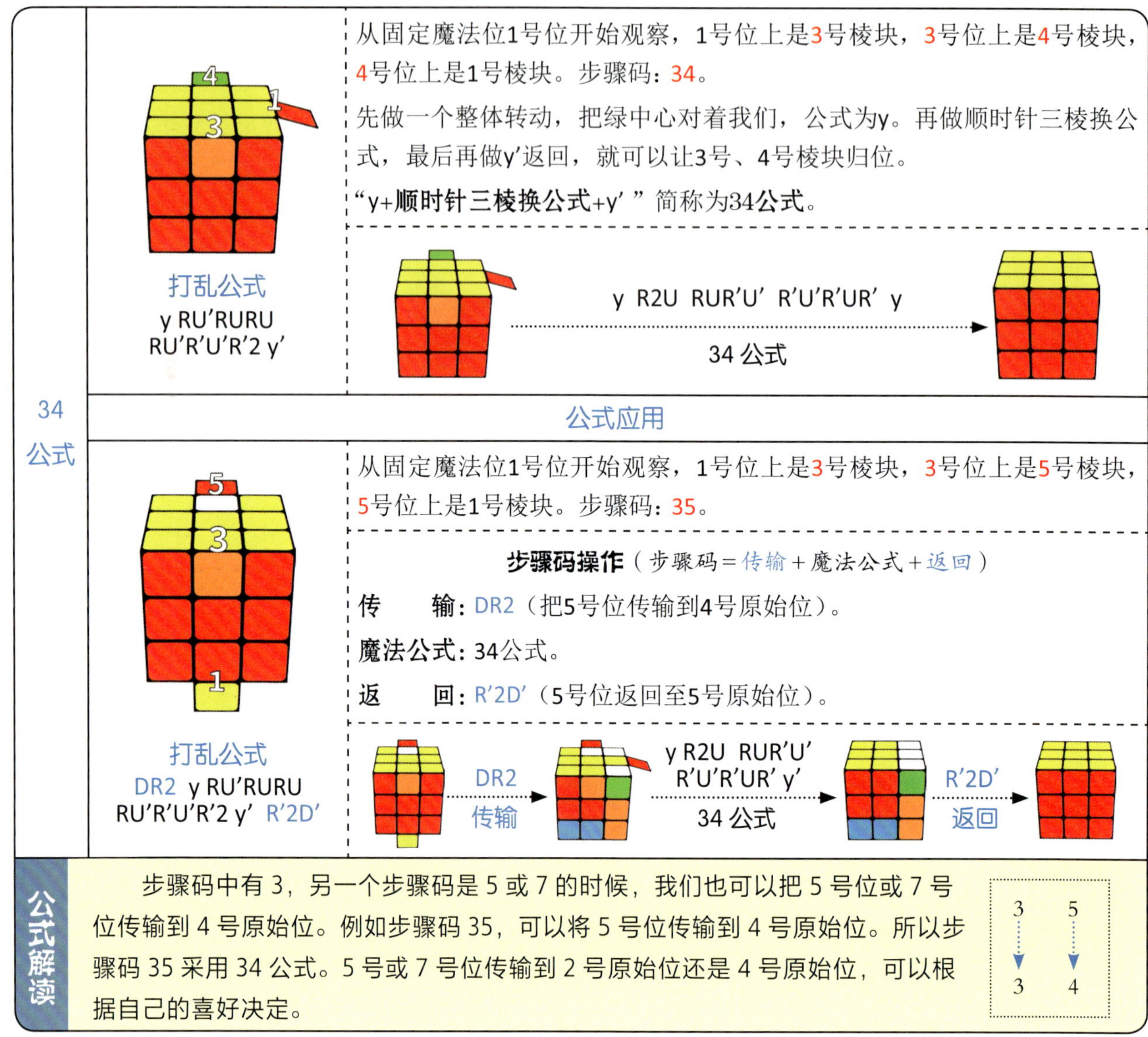

34
公式

从固定魔法位1号位开始观察，1号位上是3号棱块，3号位上是4号棱块，4号位上是1号棱块。步骤码：34。

先做一个整体转动，把绿中心对着我们，公式为y。再做顺时针三棱换公式，最后再做y′返回，就可以让3号、4号棱块归位。

“y+顺时针三棱换公式+y′”简称为34公式。

打乱公式
y RU′RURU
RU′R′U′R′2 y′

公式应用

从固定魔法位1号位开始观察，1号位上是3号棱块，3号位上是5号棱块，5号位上是1号棱块。步骤码：35。

步骤码操作（步骤码＝传输＋魔法公式＋返回）

传　　输：DR2（把5号位传输到4号原始位）。

魔法公式：34公式。

返　　回：R′2D′（5号位返回至5号原始位）。

打乱公式
DR2 y RU′RURU
RU′R′U′R′2 y′ R′2D′

公式解读

步骤码中有 3，另一个步骤码是 5 或 7 的时候，我们也可以把 5 号位或 7 号位传输到 4 号原始位。例如步骤码 35，可以将 5 号位传输到 4 号原始位。所以步骤码 35 采用 34 公式。5 号或 7 号位传输到 2 号原始位还是 4 号原始位，可以根据自己的喜好决定。

43
公式

打乱公式

y R2U RUR'U'
R'U'R'UR' y'

从固定魔法位1号位开始观察，1号位上是4号棱块，4号位上是3号棱块，3号位上是1号棱块。步骤码为：43。

先做一个整体转动，把绿中心对着我们，公式为y。再做逆时针三棱换公式，最后再做y'返回，就可以让3号、4号棱块归位。

"y+逆时针三棱换公式+y' " 简称为**43公式**。

y RU'RURU RU'R'U'R'2 y'

43 公式

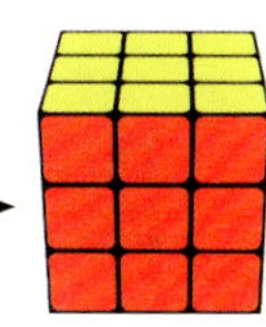

公式应用

打乱公式

R2 y R2U RUR'U'
R'U'R'UR' y' R'2

从固定魔法位1号位开始观察，1号位上是8号棱块，8号位上是3号棱块，3号位上是1号棱块。步骤码为：83。

步骤码操作（步骤码＝传输＋魔法公式＋返回）

传　　输：R2（把8号位传输到4号原始位）。

魔法公式：43公式。

返　　回：R'2（8号位返回至8号原始位）。

R2 传输

y RU'RURU RU'R'U'R'2 y'

43 公式

R'2 返回

公式解读

步骤码中有3，保持3号位不动，另一个步骤码是右层4、日、月、8中的任意一个时，只需将它传输到4号原始位。例如步骤码83，可以将8号位传输到4号原始位。所以步骤码83采用43公式。

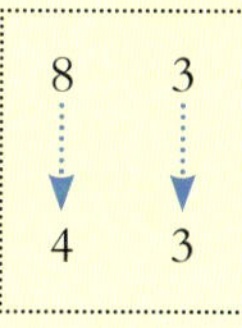

在演示六个魔法公式时，为了便于大家观察与操作，打乱公式只打乱了3个棱块，完成公式后，前两个棱块归位，同时，1号棱块回到1号原始位，魔方就复原了，所以1不会编入步骤码。在实际盲拧中，回到1号原始位的棱块如果不是1号棱块，则进入下一组步骤码，我们可以通过下例进行理解操作。

公式深度解析

打乱公式

R2 D′L′2

F2U′M′U2MU′F2

L2D R′2

F2U′M′U2MU′F2

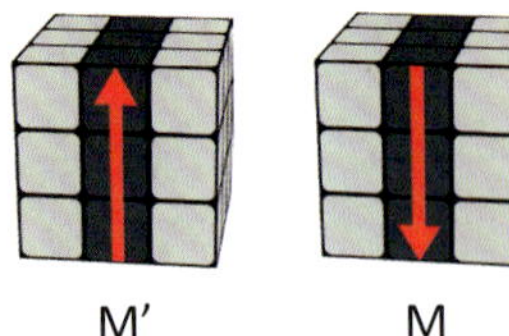

M′　　M

从固定魔法位1号位开始观察，1号位上是2号棱块，2号位上是4号棱块，4号位上是5号棱块，5号位上是8号棱块，8号位上是1号棱块。

步骤码：24 58。

步骤码操作（步骤码＝传输＋魔法公式＋返回）

第一步：完成步骤码24（无需传输与返回，直接做24公式即可）；

第二步：完成步骤码58。

传　　输： R2 D′L′2（把8号位传输到4号原始位，把5号位传输到2号原始位）。

魔法公式： 24公式。

返　　回： L2D R′2（5号位返回至5号原始位，8号位返回至8号原始位）。

完成第一步的步骤码24后，2号、4号棱块归位，5号棱块进入1号固定魔法位，成为下一个步骤码，进入下一组三棱换。

此时，固定魔法位上的是5号棱块，5号位上是8号棱块，8号位上是1号棱块，步骤码为58。当我们完成步骤码58后，5号、8号棱块归位，同时，1号棱块也就归位了，所以1号棱块不会出现在步骤码中。

角块和棱块盲拧都是通过“位置传输到中转魔法位+魔法公式+位置返回至原始位”的方法实现角块或棱块的归位，我们可以通过下表做对比。

<table>
<tr><th colspan="3">角块盲拧与棱块盲拧对照表</th></tr>
<tr><td></td><td>角块盲拧</td><td>棱块盲拧</td></tr>
<tr><td>固定魔法位</td><td>D 原始位（DEF 不会出现在步骤码中）</td><td>1 号原始位（1 不会出现在步骤码中）</td></tr>
<tr><td rowspan="3">中转魔法位</td><td rowspan="3">Z 原始位</td><td>2 号、4 号原始位</td></tr>
<tr><td>2 号、3 号原始位</td></tr>
<tr><td>3 号、4 号原始位</td></tr>
<tr><td rowspan="6">魔法公式</td><td rowspan="6">DZ 交换公式：
RU’R’U’ RUR’F’ RUR’U’ R’FR</td><td>24 公式：R2U RUR’U’ R’U’R’UR’</td></tr>
<tr><td>42 公式：RU’RURU RU’R’U’R’2</td></tr>
<tr><td>23 公式：y’ R2U RUR’U’ R’U’R’UR’ y</td></tr>
<tr><td>32 公式：y’ RU’RURU RU’R’U’R’2 y</td></tr>
<tr><td>34 公式：y R2U RUR’U’ R’U’R’UR’ y’</td></tr>
<tr><td>43 公式：y RU’RURU RU’R’U’R’2 y’</td></tr>
<tr><td>每次完成步骤码数</td><td>1 个</td><td>2 个</td></tr>
<tr><td colspan="3">角块盲拧公式只有一个，棱块有六个公式，在实际操作中，以 24 公式和 42 公式为主，这样可以减少魔方的整体转动。但是当步骤码中出现 3 的时候，用 23、32、34、43 公式就可以降低位置传输与返回的难度。</td></tr>
</table>

位置的传输与返回

从六组魔法公式的应用中，可以知道在操作步骤码时，如果步骤码的位置不在2、3、4号原始位置上，则根据需要选择2、3、4号原始位进行传输。

位置的传输需要遵循以下规则：

◈ 不能转上层和前层，因为不能动1号固定魔法位。

例如：3号位不能转动上层传输到2号或4号原始位。

◈ 后层不能转90°，因为会改变棱块的方向，后层只能转180°。

例如：0号位不能传输至3号原始位。

◈ 不建议转中层，因为容易出错。

◈ 返回公式是传输公式的逆公式。

◈ 当一组步骤码中的两个数字相同但顺序相反时，传输和返回公式是一样的，不同的是魔法公式。

例如P108～P109公式应用中的步骤码9月和月9，都是把9号位传输到2号原始位，把月号位传输到4号原始位，但是9月的魔法公式为24公式，月9的魔法公式为42公式。

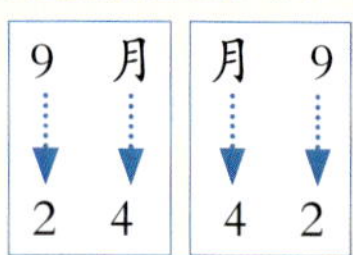

◈ 每对步骤码的传输公式并不是唯一的。

例如步骤码35，P111是用公式D′ L′2将5号位传输到2号原始位，做32公式；P112是用公式DR2将5号位传输到4号原始位，做34公式。我们最好能固定一种传输方式，因为固定的模式在盲拧中可以提升准确率和速度。

左层有2、0、9、6这四个位置，右层有4、日、月、8这四个位置，从左、中、右维度看中层，中层有1、3、5、7这四个位置，其中1号位是固定魔法位，不参与步骤码。

下面将分别从左层与右层组合、中层组合、左层与中层组合、右层与中层组合、左层组合和右层组合六种情况来分析。

<table>
<tr><td>左层与右层组合</td><td>方　　法：
左层的2号位在原位即可，9、0、6转动左层传输到2号原始位；
右层的4号位在原位即可，日、月、8转动右层传输到4号原始位。
例如：98或89
传　　输：L’R2
魔法公式：98做24公式，89做42公式。
返　　回：R’2L</td></tr>
<tr><td rowspan="3">中层组合</td><td>（1）57或者75
方　　法：5号位传输到2号原始位，7号位传输到4号原始位。
传　　输：D’ L2R2
魔法公式：57用24公式，75用42公式。
返　　回：R’2 L’2 D</td></tr>
<tr><td>（2）35或者53
方　　法：3号位在原位即可，5号位传输到2号原始位。
传　　输：D’L2
魔法公式：35用32公式，53用23公式。
返　　回：L’2D</td></tr>
<tr><td>（3）37或者73
方　　法：3号位在原位即可，7号位传输到2号原始位。
传　　输：DL2
魔法公式：37用32公式，73用23公式。
返　　回：L’2D’</td></tr>
</table>

左层与中层组合	（1）左层数字和3组合 方　　法：3号位在原位即可，左层位置传输到2号原始位。例如：93或者39。 传　　输：L’ 魔法公式：93做23公式，39做32公式。 返　　回：L
	（2）左层数字和5组合 方　　法：左层位置先传输到2号原始位，5号位传输到4号原始位。例如：65或者56。 传　　输：L’2 DR2 魔法公式：65做24公式，56做42公式。 返　　回：R’2D’ L2
	（3）左层数字和7组合 方　　法：左层位置先传输到2号原始位，7号位传输到4号原始位。例如：67或者76。 传　　输：L’2 D’R2 魔法公式：67做24公式，76做42公式。 返　　回：R’2D L2
右层与中层组合	与左层与中层组合的方法相同，为镜面对称。

<table>
<tr><td rowspan="4">左层组合</td><td>（1）6，9，2与0的组合
方　　法：先转后层180°，再转右层将0号位传输到4号原始位。（注意：这里后层不能转90°将0号位传输到3号原始位），6号位或9号位再传输到2号原始位。例如：90或者09。
传　　输：B2R’ L’
魔法公式：90用24公式，09用42公式。
返　　回：L RB’2</td></tr>
<tr><td>（2）62或者26
方　　法：2号位在原位即可，6号位传输到4号原始位。
传　　输：D2R2
魔法公式：62用42公式，26用24公式。
返　　回：R’2D’2</td></tr>
<tr><td>（3）92或者29
方　　法：9号位传输到2号原始位，2号位传输到4号原始位。
传　　输：L’ B2R’
魔法公式：92用24公式，29用42公式。
返　　回：RB’2 L</td></tr>
<tr><td>（4）96或者69
方　　法：6号位传输到4号原始位，9号位传输到2号原始位。
传　　输：D2R2 L’
魔法公式：96用24公式，69用42公式。
返　　回：L R’2D’2</td></tr>
<tr><td>右层组合</td><td>与左层组合的方法相同，为镜面对称。</td></tr>
</table>

下面准备一个复原的魔方，固定“黄上红前”坐标系，按照**打乱公式**进行操作获得游戏的初始状态，然后开始游戏观察。注意，这里只是学习棱块的复原，因为棱块和角块是分开复原的，图片中的角块和已经复原的棱块都用黑色表示，无需关注。

游戏1 步骤码92

游戏观察	从固定魔法位1号位开始观察，1号位上是9号棱块，9号位上是2号棱块，2号位上的是1号棱块，其他棱块位置正确。
步骤码	92
步骤码操作	**传　　输**：L'B'2R'（L'将9号位传输到2号原始位，B'2R'将2号位传输到4号原始位）。 **魔法公式**：24公式。 **返　　回**：RB2L（2号位返回至2号原始位，9号位返回至9号原始位）。

魔法解读

一组步骤码有 2 的情况下，一般都是保持 2 号位不动，把另一个步骤码的位置传输到 4 号原始位。虽然步骤码 92 中的 9 号位也能通过中层传输到 4 号原始位，但我们一般建议不转动中层，所以我们把 9 号位传输到 2 号原始位，再把 2 号位传输到 4 号原始位。

步骤码 29、4 月和月 4 的传输方法原理相同。

游戏2 步骤码20

打乱公式

L UL'M'UMU'L

UM'U'MU' L'

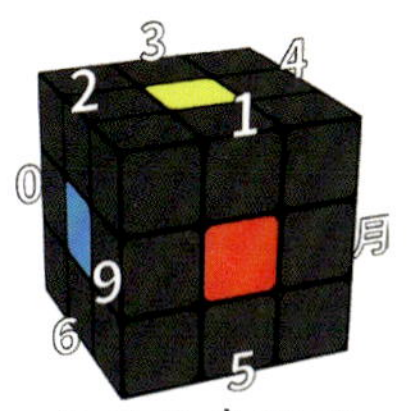

原始位参照图

游戏观察	从固定魔法位1号位开始观察，1号位上是2号棱块，2号位上是0号棱块，0号位上的是1号棱块，其他棱块位置正确。
步骤码	20
步骤码操作	传　　输：B'2R'（B'2R'将0号位传输到4号原始位）。 魔法公式：24公式。 返　　回：RB2（0号位返回至0号原始位）。 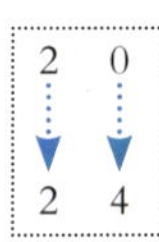

B'2R'
传输

R2U RUR'U' R'U'R'UR'
24 公式

RB2
返回

魔法解读

这里不能把 0 号位传输到 3 号原始位做 23 公式，因为后层转 90° 会改变棱块的方向，所以后层只能转 180° 。

步骤码 02、4 日和日 4 的传输方法原理相同。

游戏3 小循环步骤码

打乱公式

RUR'U'

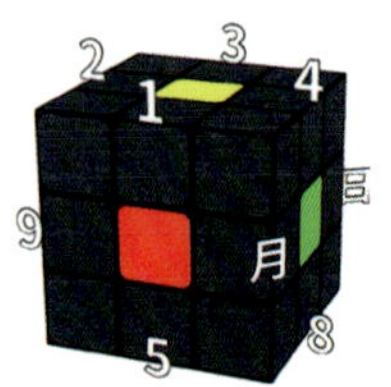

原始位参照图

游戏观察	从固定魔法位1号位开始观察，1号位上是1号棱块，位置正确，可以从任意一个不正确的棱块所在的位置开始。例如，从3号位开始（这个3要编入步骤码），3号位上是4号棱块，4号位上是月号棱块，月号位上是3号棱块，其他棱块位置正确。
步骤码	34 月3
步骤码操作	第一步：完成步骤码34； 第二步：完成步骤码月3。 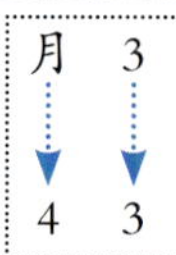

y R2U RUR'U' R'U'R'UR' y'

34 公式

R y RU'RURU RU'R'U'R2 y' R'

传输 + 43 公式 + 返回

魔法解读

小循环可以从任意一个不正确的棱块所在的位置开始，所以这个游戏的步骤码也可以有其他的方案，3、4、月这三个位置都是错误的，上面展示的是以 3 号位开头的，其他两个方案如下：

方案一：月3 4月

方案二：4月 34

在棱块复原时，以某一数字开头，并以该数字结尾就是小循环。

游戏4 步骤码数量为偶数

打乱公式

RUR'U

原始位参照图

游戏观察	从固定魔法位1号位开始观察，1号位上是4号棱块，4号位上是2号棱块，2号位上的是月号棱块，月号位上是3号棱块，3号位上是1号棱块，其他棱块位置正确。
步骤码	42 月3
步骤码操作	第一步：完成步骤码42； 第二步：完成步骤码月3 。 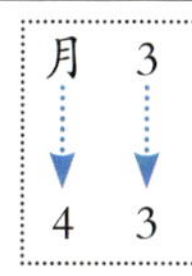

RU'RURU RU'R'U'R2

42 公式

R y RU'RURU RU'R'U'R2 y' R'

传输 + 43 公式 + 返回

魔法解读

棱块复原后的状态

当棱块步骤码的数量为偶数时，做完步骤码后棱块全部复原。

在游戏 3 之前，我们的打乱公式只打乱了棱块，所以棱块复原后，魔方是复原的状态。

从游戏 3 开始，打乱公式把角块部分也打乱了，所以当棱块复原后，角块还没有复原，我们可以用盲拧的方法把角块复原。

游戏5 步骤码数量为奇数及处理技巧

打乱公式

RUR′

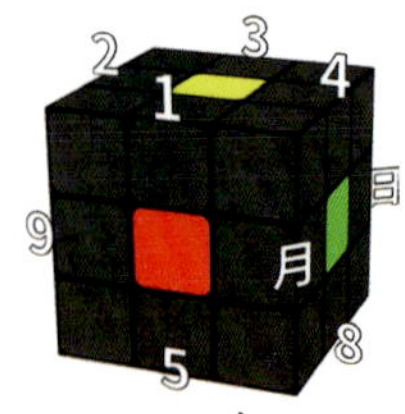

原始位参照图

游戏观察	从固定魔法位1号位开始观察，1号位上是月号棱块，月号位上是3号棱块，3号位上是2号棱块，2号位上是1号棱块。步骤码：月3 2。 此步骤码的数量为奇数，且最后一个步骤码为2，在2的前面加3，则最终步骤码为月3 32（步骤码为奇数的处理技巧下一页详解）。
步骤码	月3 32
步骤码操作	第一步：完成步骤码月3； 第二步：完成步骤码32。 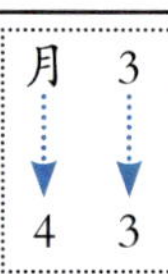

R y RU′RURU RU′R′U′R2 y′ R′

传输 + 43 公式 + 返回

y′ RU′RURU RU′R′U′R2 y

32 公式

魔法解读

完成最后一组步骤码 32 后，棱块并没有复原，2 号位和 3 号位的棱块发生了对调，当我们把角块用盲拧的方法复原后，这两个对调的棱块就会复原。

当棱块步骤码数量为奇数时，我们就需要把它处理成偶数，处理方法遵循以下规则：

棱块步骤码数量为奇数的处理技巧

- 如果最后的三个步骤码为 232 或者 323 时，则去掉这三个步骤码。
- 如果最后一个步骤码为 2，在 2 的前面加 3，如果最后一个步骤码为 3，则在 3 的前面加 2。
- 如果最后的步骤码不是上述的数字，则加上 323 或者 232。

棱块步骤码处理后完成状态

按技巧处理后，步骤码的数量就成了偶数，两个一组做完后，最后留下 2 号棱块和 3 号棱块发生了对调，2 号位上的是 3 号黄橙棱块，3 号位上的是 2 号黄蓝棱块，棱块的操作已经完成。

原理解析

在盲拧三阶魔方中，当棱块的步骤码数量为奇数时，角块的步骤码数量必定也是奇数。

而复原角块的 DZ 交换公式不仅造成了两个角块的互换，同时也让 2 号位上的棱块和 3 号位上的棱块进行了互换。当我们把最后的一个角块复原后，棱块复原时留下的两个对调的棱块也会复原，整个魔方就复原了。

RU'R'U' RUR'F' RUR'U' R'FR

DZ 交换公式

当棱块的步骤码为奇数时，必须先复原棱块，再复原角块。

RUBIK'S CUBE

三阶魔方盲拧实战与练习

我们已经学会了棱块方向的翻转和位置的归位，现在把二阶魔方复原中已经学会的角块复原方法结合在一起，就可以进行三阶魔方的复原了。

三阶魔方盲拧实战步骤

二阶盲拧只需要记住角块步骤码并复原角块即可，而三阶盲拧需要记忆和复原的内容会更多，记忆和操作都需要按一定的先后顺序进行，下面进行总结。

三阶魔方盲拧实战步骤

观察记忆

1. **记住角块的步骤码**。
2. **记住棱块的步骤码**。
3. **记住棱块的翻棱方案**。

动手操作

1. **根据翻棱方案迅速翻棱**。
2. **根据棱块步骤码复原棱块**。
3. **根据角块步骤码复原角块**。

当棱块的步骤码数量为奇数时，必须先复原棱块再复原角块；当棱块的步骤码数量为偶数时，既可以先复原棱块也可以先复原角块。

下面我们通过两个实战游戏来感受三阶盲拧的完整步骤。

实战1 步骤码数量为偶数

打乱公式

F2 U2 R2 F U'

<table>
<tr><td rowspan="3">观察</td><td>角块步骤码</td><td>AWZR GI JK（R归位后DEF角块回到2号位，后面的两个微循环选择从G位和J位开始）。</td></tr>
<tr><td>棱块步骤码</td><td>4月 38 25 日9</td></tr>
<tr><td>棱块方向错误位置</td><td>4、9、月、5号位棱块方向错误</td></tr>
<tr><td rowspan="3">记忆</td><td>角块步骤码</td><td>“AWZRGIJK”可以联想记忆成：啊，我这人更爱健康（自由发挥联想）。</td></tr>
<tr><td>棱块步骤码</td><td>“4月 38 25 日9”可以联想成：4月女人拉二胡日子更久（自由发挥联想）。</td></tr>
<tr><td>翻棱方案</td><td>传输+公式2+返回：Ux（M'U）4（MU）4 x'U'</td></tr>
<tr><td>动手</td><td colspan="2">Ux (M'U) 4 (MU) 4 x'U' → 翻棱 → 依次做步骤码 4月38 25日9 → 棱块复原 → 依次做步骤码 AWZRGIJK → 角块复原</td></tr>
<tr><td>魔法解读</td><td colspan="2">当步骤码数量为偶数时，先做角块步骤码，再做棱块步骤码也是可以的。</td></tr>
</table>

实战2 步骤码数量为奇数

打乱公式

F R2 U R’

观察	角块步骤码	MXJ CTGB（J归位后DEF角块回到2号位，后面的小循环选择从C位开始）。
	棱块步骤码	8日 42 95 月3 32（4归位后，1号棱块回到1号固定魔法位，可以从任意一个未完成的位置开始，这里选择了2号位。步骤码“8日 42 95 月3 2”是奇数，以2结尾则在2的前面加3）。
	棱块方向错误位置	2、9、5、4号位上的棱块方向错误
记忆	角块步骤码	“MXJCTGB”可以联想记忆成：梅西就传他隔壁（自由发挥联想）。
	棱块步骤码	“8日 42 95 月3 32”可以联想成：8日柿儿放酒壶，月上三杆用扇儿扇（自由发挥联想）。
	翻棱方案	传输+公式2+返回：R’U’x（M’U）4（MU）4 x’UR
动手	R’U’x (M’U) 4 (MU) 4 x’UR 翻棱 → 依次做步骤码 8日 42 95 月3 32 棱块复原 → 依次做步骤码 MXJCTGB 角块复原	

魔法解读

当步骤码数量为奇数时，必须先做棱块步骤码，再做角块步骤码。

在盲拧中，角块步骤码采用的是单纯字母的组合，在实例中我们是用拼音联想的方法进行了串联记忆。而棱块的步骤码采用0～9以及“日”“月”两个中文字，数字与“日”“月”的组合本身就易于串联记忆，我们可以自由联想成一幅画面。下面将数字组合进行汇总，此表格中的联想内容是抛砖引玉，仅供参考，鼓励自创。

数字联想记忆方法

数字	联想	说明	自创	数字	联想	说明	自创
01	树干	象形		21	鳄鱼	谐音	
02	鸭子	象形		23	耳塞	谐音	
03	耳朵	象形		24	耳屎	谐音	
04	旗	象形		25	二胡	谐音	
05	勾子	象形		26	二流	谐音	
06	勺子	象形		27	耳机	谐音	
07	镰刀	象形		28	恶霸	谐音	
08	麻花	象形		29	二舅	谐音	
09	哨子	象形		30	山林	谐音	
10	衣领	谐音		31	山药	谐音	
12	幺儿	谐音		32	扇儿	谐音	
13	衣衫	谐音		34	山寺	谐音	
14	钥匙	谐音		35	珊瑚	谐音	
15	衣物	谐音		36	山路	谐音	
16	石榴	谐音		37	三七	三七粉	
17	仪器	谐音		38	妇女	三八妇女节	
18	一把	谐音		39	三舅	谐音	
19	药酒	谐音		40	司令	谐音	
20	爱你	谐音					

数字	联想	说明	自创	数字	联想	说明	自创
41	司仪	谐音		71	奇异	谐音	
42	柿儿	谐音		72	企鹅	谐音	
43	石山	谐音		73	奇山	谐音	
45	师傅	谐音		74	骑士	谐音	
46	石榴	谐音		75	西服	谐音	
47	司机	谐音		76	气流	谐音	
48	石坝	谐音		78	奇葩	谐音	
49	嗜酒	谐音		79	气球	谐音	
50	武林	谐音		80	巴黎	谐音	
51	舞衣	谐音		81	军人	八一建军节	
52	武二	谐音		82	靶儿	谐音	
53	午餐	谐音		83	白衫	谐音	
54	武士	谐音		84	巴士	谐音	
56	民族	56 个民族		85	宝物	谐音	
57	武器	谐音		86	八路	谐音	
58	武霸	谐音		87	白旗	谐音	
59	五角	谐音		89	白酒	谐音	
60	榴莲	谐音		90	酒令	谐音	
61	六一	61 儿童节		91	旧衣	谐音	
62	驴儿	谐音		92	球儿	谐音	
63	硫酸	谐音		93	旧伞	谐音	
64	律师	谐音		94	旧事	谐音	
65	绿壶	谐音		95	酒壶	谐音	
67	绿漆	谐音		96	酒楼	谐音	
68	路霸	谐音		97	酒器	谐音	
69	八卦	八卦图象形		98	酒吧	谐音	
70	麒麟	谐音					

说明：11、22、33、44、55、66、77、88、99 不会出现在步骤码中，所以表格中没有这几个数字的组合。

我们在实例中已经学习了三阶魔方盲拧的完整步骤，接下来用三个练习来巩固三阶盲拧的技巧吧！

练习1 步骤码数量为偶数

打乱公式

RFUF’R2B2

观察	角块步骤码	Y归位后，DEF角块回到2号位，参考答案中的小循环选择从J位开始。
	棱块步骤码	1号棱块在1号位，位置正确，可以从任意一个未完成的位置开始，参考答案中选择从4号位开始。
	棱块方向错误位置	
记忆	角块步骤码	
	棱块步骤码	
	翻棱方案	
动手		

参考答案见下页

练习1 参考答案

打乱公式

RFUF' R2 B2

<table>
<tr><td rowspan="3">观察</td><td>角块步骤码</td><td>Y JHPRMCL（Y归位后，DEF角块回到2号位，后面的小循环选择从J位开始）。</td></tr>
<tr><td>棱块步骤码</td><td>4 日 08 37 29 月4（1号棱块在1号位，位置正确，可以从任意一个未完成的位置开始，这里选择从4号位开始）。</td></tr>
<tr><td>棱块方向错误位置</td><td>2、9号位上的棱块方向错误</td></tr>
<tr><td rowspan="3">记忆</td><td>角块步骤码</td><td>“YJHPRMCL”可以联想记忆成：一姐害怕入门迟了（自由发挥联想）。</td></tr>
<tr><td>棱块步骤码</td><td>“4日 08 37 29 月4”可以联想记忆成：4日08，三七，二舅，月4（自由串联联想）。</td></tr>
<tr><td>翻棱方案</td><td>传输+公式1+返回：UF M'UM'UM'U2 MUMUMU2 F'U'</td></tr>
<tr><td>动手</td><td colspan="2">UF M'UM'UM'U2 MUMUMU2 F'U' 翻棱 → 依次做步骤码 4 日 08 37 29 月 4 棱块复原 → 依次做步骤码 YJHPRMCL 角块复原</td></tr>
<tr><td>魔法解读</td><td colspan="2">当步骤码数量为偶数时，可以先做棱块步骤码，也可以先做角块步骤码。</td></tr>
</table>

练习2 步骤码数量为奇数

打乱公式

B'RBFU'

<table>
<tr><td rowspan="3">观察</td><td>角块步骤码</td><td>DEF角块在2号位，位置正确，可以从任意错误位置开始，参考答案中的第1个小循环选择从Z位开始，第2个小循环选择从K位开始。</td></tr>
<tr><td>棱块步骤码</td><td></td></tr>
<tr><td>棱块方向错误位置</td><td></td></tr>
<tr><td rowspan="3">记忆</td><td>角块步骤码</td><td></td></tr>
<tr><td>棱块步骤码</td><td></td></tr>
<tr><td>翻棱方案</td><td></td></tr>
<tr><td>动手</td><td colspan="2"></td></tr>
</table>

参考答案见下页

练习2 参考答案

打乱公式

B'RBFU'

观察	角块步骤码	ZY KNIBL（DEF角块在2号位，位置正确，可以从任意错误位置开始，第1个小循环选择从Z位开始，第2个小循环选择从K位开始）。
	棱块步骤码	24 95 83 月2 32（步骤码数量是奇数，按奇数的处理技巧，在月后面加232或323）。
	棱块方向错误位置	2、4、9、月、5、8号位上的棱块方向错误
记忆	角块步骤码	“ZYKNIBL”可以联想记忆成：这样可能爱别离（自由发挥联想）。
	棱块步骤码	“24 95 83 月2 32 ”可以联想记忆成：一天，酒壶，白衫，月儿，扇儿（自由串联联想）。
	翻棱方案	先翻2、9、月、5，传输+公式2+返回：U'x（M'U）4（MU）4 x'U 再翻4、8，传输+公式1+返回：yx M'UM'UM'U2 MUMUMU2 x'y'
动手		U'x (M'U) 4 (MU) 4 x'U yx M'UM'UM'U2 MUMUMU2 x'y' → 翻棱 依次做步骤码 24 95 83 月 2 32 → 棱块复原 依次做步骤码 ZYKNIBL → 角块复原

练习3 步骤码数量为奇数

打乱公式

RUR'U' F'R2

观察	角块步骤码	Z归位后DEF角块回到2号位，参考答案中的小循环选择从S位开始。
	棱块步骤码	
	棱块方向错误位置	
记忆	角块步骤码	
	棱块步骤码	
	翻棱方案	
动手		

参考答案见下页

练习3 参考答案

打乱公式

RUR'U' F'R2

观察	角块步骤码	GMAZ SKS（Z归位后DEF回到2号位，后面的小循环选择从S位开始）。
	棱块步骤码	34 8月 日5 93 23（步骤码数量是奇数，按奇数的处理技巧，在9后面加232或323）。
	棱块方向错误位置	1、9、日、5号位上的棱块方向错误
记忆	角块步骤码	“GMAZSKS”可以联想记忆成：高明啊，这是夸谁？（自由发挥联想）。
	棱块步骤码	“34 8月 日5 93 23”可以联想记忆成：山柿，8月日5，旧衫，耳塞（自由串联联想）。
	翻棱方案	传输+公式2+返回：R'2x（M'U）4（MU）4 x'R2
动手	R'2x (M'U) 4 (MU) 4 x'R2 → 翻棱 → 依次做步骤码 34 8月 日 5 93 23 → 棱块复原 → 依次做步骤码 GMAZSKS → 角块复原	

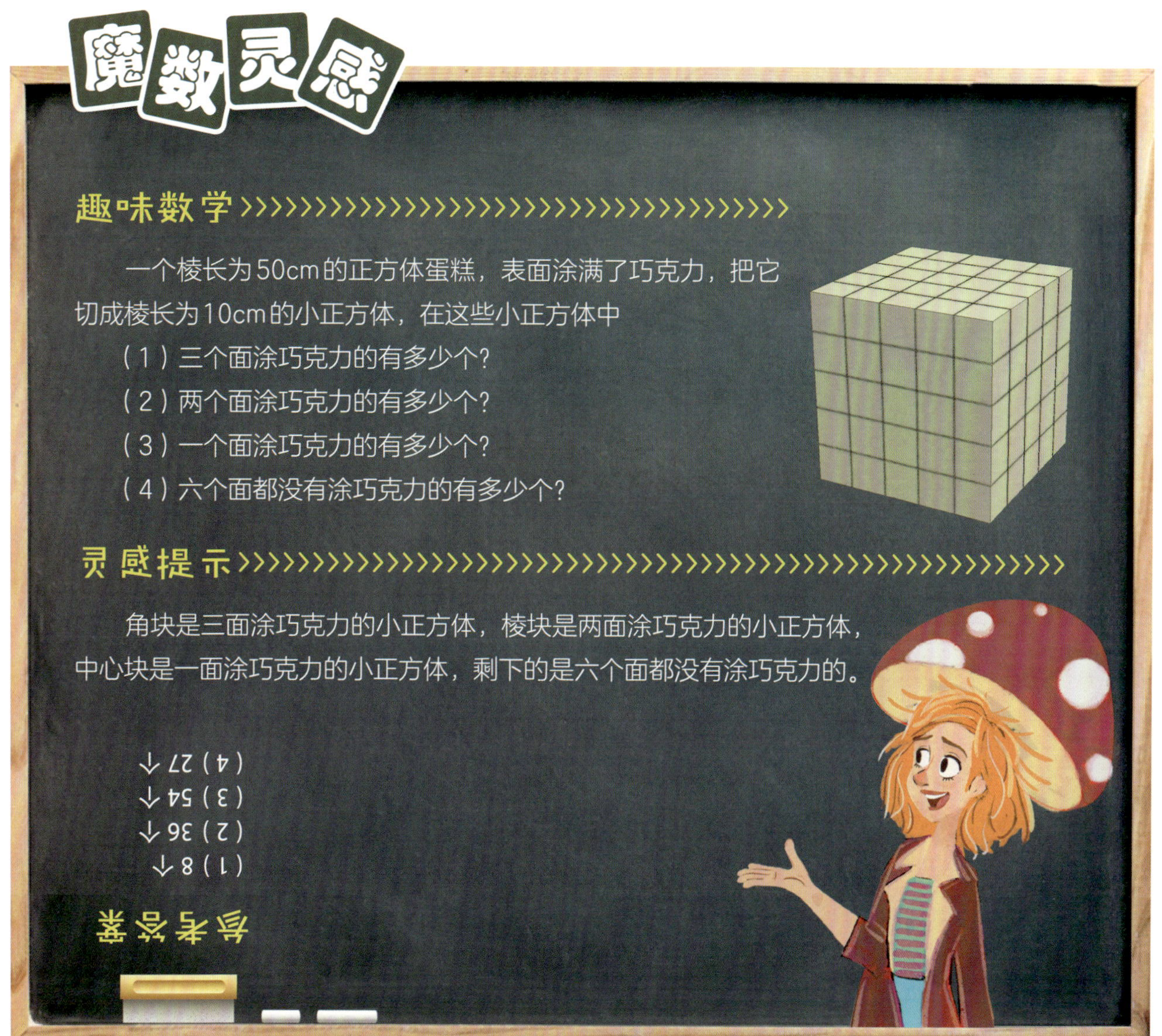

魔数灵感

趣味数学

一个棱长为50cm的正方体蛋糕，表面涂满了巧克力，把它切成棱长为10cm的小正方体，在这些小正方体中

（1）三个面涂巧克力的有多少个？

（2）两个面涂巧克力的有多少个？

（3）一个面涂巧克力的有多少个？

（4）六个面都没有涂巧克力的有多少个？

灵感提示

角块是三面涂巧克力的小正方体，棱块是两面涂巧克力的小正方体，中心块是一面涂巧克力的小正方体，剩下的是六个面都没有涂巧克力的。

参考答案

（1）8个

（2）36个

（3）54个

（4）27个

魔数灵感

趣味数学

棱长为4cm的正方体橡皮泥，可以切割成多少个棱长为2cm的小正方体？

灵感提示

$\frac{64}{8}$

参考答案

8个

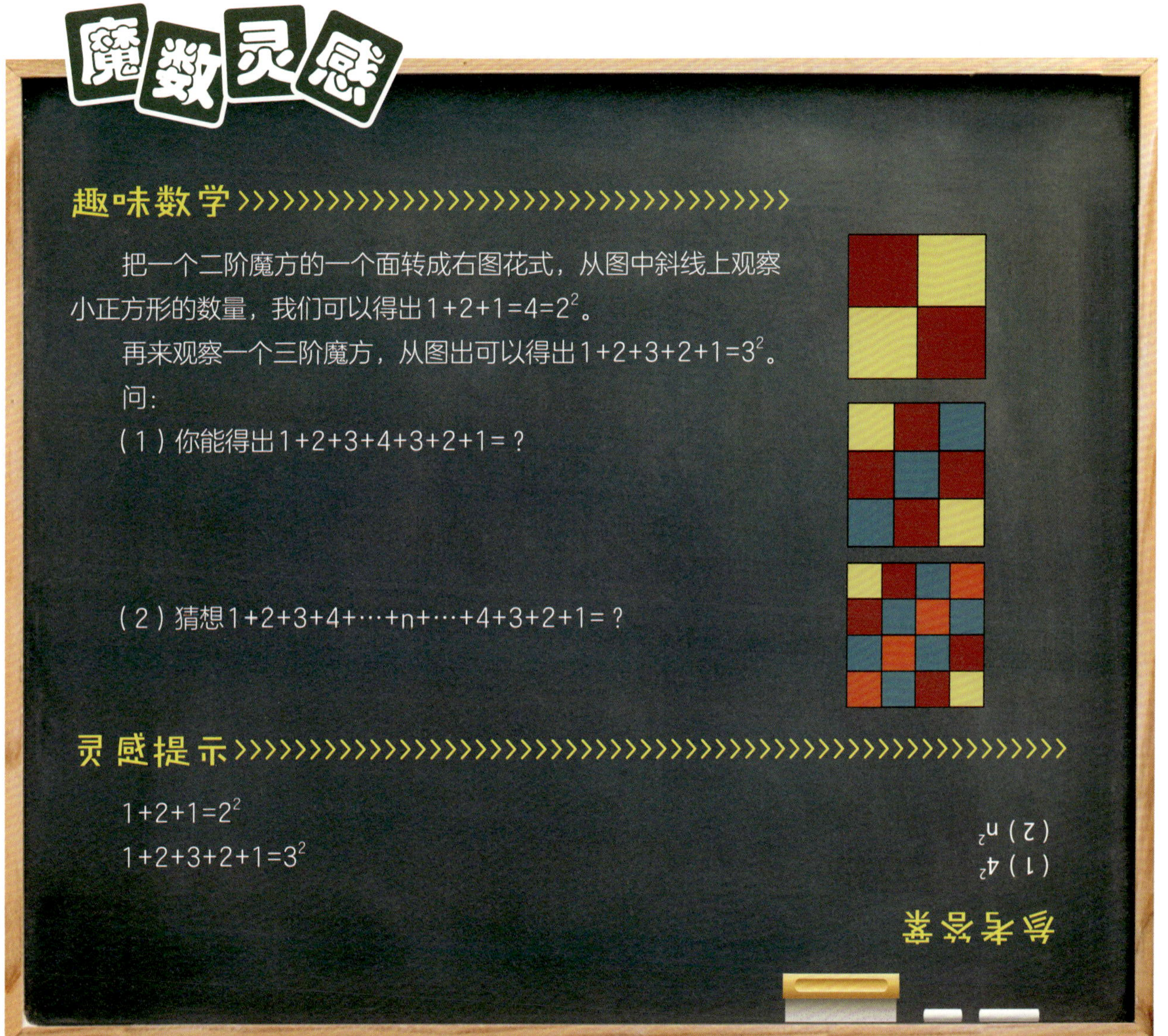

魔数灵感

趣味数学

把一个二阶魔方的一个面转成右图花式，从图中斜线上观察小正方形的数量，我们可以得出 $1+2+1=4=2^2$。

再来观察一个三阶魔方，从图出可以得出 $1+2+3+2+1=3^2$。

问：

（1）你能得出 $1+2+3+4+3+2+1=?$

（2）猜想 $1+2+3+4+\cdots+n+\cdots+4+3+2+1=?$

灵感提示

$1+2+1=2^2$

$1+2+3+2+1=3^2$

参考答案

（1）4^2

（2）n^2

魔数灵感

趣味数学

分别用二阶魔方和三阶魔方拼出大小魔方和大中小魔方，我们来观察一个面，猜想其中的数学知识吧！

观察上图可以得出：$1+3=2^2$

$1+3+5=3^2$

$1+3+5+7=4^2$

灵感猜想

$1+3+5+7+\cdots+(2n-1)=?$

参考答案

n^2

趣味数学

教室里有很多棱长为1cm的正方体，朵朵把8个红色的小正方体摆成了一个大正方体，把27个蓝色的小正方体摆成了一个更大的正方体，她还拿了一个黄色的小正方体。

朵朵问方方和圆圆，这一堆正方体体积一共是多少？

方方的答案是：$1^3+2^3+3^3$。

圆圆把小方块重新进行了摆放，

圆圆的答案是：$(1+2+3)^2$。

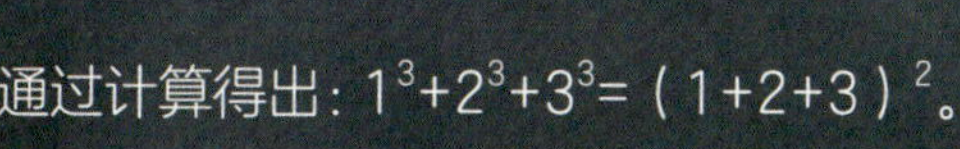

通过计算得出：$1^3+2^3+3^3=(1+2+3)^2$。

灵感猜想

$1^3+2^3+\cdots+n^3=?$

参考答案

$1^3+2^3+\cdots+n^3=(1+2+\cdots+n)^2$

RUBIK'S CUBE

后记 Afterword

我的入“魔”之路

我的第一个魔方，是父亲送我的。年幼的我立刻被它吸引了。我不由自主地琢磨了很久，却始终只能复原一面，为此我遗憾了很久。现在想来，遗留在我心底的不只有遗憾，还有梦想的种子。

2004年的秋天，学生递给我一个魔方，问我能不能还原。作为老师，学生的问题总得全力以赴地去解决。我拿着魔方还原小册子，按照公式反复琢磨研究，几天之后终于还原了魔方，欣喜激动之情溢于言表。

十几年前，会玩魔方的人寥寥无几。因为喜欢，我不断地寻找有关魔方的信息。后来我发现不仅有三阶魔方，还有其他各种魔方，各种玩法。渐渐地，我学会了很多魔方，结识了很多魔方爱好者，还教会了许多身边的同事和朋友，他们也慢慢感受到魔方的魅力。于是，陆续有同事的孩子跟着我学魔方。

起初，我只是一遍遍用重复的公式来教孩子，孩子学得累、忘得快。在烦琐的公式面前，有些孩子学着学着，就打退堂鼓。作为一名老师，我深知兴趣才是孩子最好的老师，我开始思索新的教学方法。低龄的孩子学习接受新知识，以形象思维为主，几乎每一个孩子都爱听故事。我苦思冥想之后，灵感来了：对，精灵！魔方上的每个小方块就像不同颜色的精灵，而魔方还原的过程不就是精灵回家的过程吗？

运用我自编的“精灵妈妈和精灵宝宝回家”还原方法，第一批孩子迅速学会了还原魔方。因为有了兴趣的支撑，教学效果有了很大提升！原本需要七八次课才能教会的魔方，现在只需要一次课，最快的孩子只用了20分钟就掌握了技巧。更让人欣喜的是，用故事法学会魔方的人不仅记忆持久，而且学会就能教别人。在2022年海宁市暑期“魔动社区”公益教学活动中，我们很快教会了18名大学生，大学生又下社区教会了800多名小学生，真正实现了魔方在海宁的几何级传播。

在教学的过程中，我切实感受到了魔方是一个神奇的教具。魔方作为公益课程走进培智学校，连数数都感觉困难的孩子在魔方的形状中得到启发，竟然理解了3乘3的含义。

我认识的一位妈妈，在孩子上幼儿园的时候，自学魔方，然后带着孩子一起玩魔方，在魔方的玩乐中，培养了孩子的理科思维。孩子上初中后，理科成绩优异，特别是数学，经常在全国性的竞赛中获奖。这个孩子在玩魔方的过程中，锻炼了意志力、思维能力和动手能力，无形中积累了宝贵的智力财富。

很多家长和老师都意识到了玩魔方的好处，那如何才能更好地普及呢？儿时的遗憾，现在的疑惑，让我渐渐萌生出把“故事法学魔方”写成书的念头。然而，当我真正下定决心去写的时候，没有任何写作经验成了我最大的困难。拍摄、修图、配文，每一关都犹如一座大山。所幸，经历3年多的坚持与煎熬，2021年书稿终于得到了出版社的认可。但拿到样书，到了即将印刷的时候，却发现，那本书似乎不是我想要的样子。

也许坚持就是为了等待那个合适的人出现。就在那一年，我认识了方炜霞，一次单位外出学习，在一小时车程内，我教会了她三阶魔方。她的兴趣一下子被点燃，在教与学的过程中，她越来越认同我的观点，我们一拍即合，说干就干，有了她的技术支持，我鼓起勇气重新写下这一本书——《跟着游戏学魔方：玩转三阶、花式、盲拧》。

我们衷心感谢您的耐心阅读！

林小英

2023年6月

RUBIK'S CUBE 后记

Afterword

将热爱写进书本

我是一名音乐老师，人到中年，在音乐与魔方的灵感碰触中，我找到了做老师的深爱与快乐，同时也乐于将这份爱与快乐与大家共享。

初识魔方，始于一个偶然的机会。

2020年11月底，我和林老师一起乘大巴车到杭州出差培训，两人相邻而坐。我早就听闻她酷爱魔方，果然，一上车她就拿出一个魔方不停地转动，小小的魔方在她的手中一遍又一遍神奇地复原了。

我有点心动地问："魔方好学吗？听说很难的，是吧？"她笑着说："不难啊，我把复原的方法编成了故事，很快就可以学会的，我现在就可以教你，可能你下车前就能学会呢。"我抱着试试看的心态，开始了魔方初体验，意想不到的是，一个小时的车程，我竟然真的能复原三阶魔方了，这让40几岁初学魔方的我兴奋不已。3天培训的闲暇时间，我几乎是魔方不离手，不时转上几把，很快就能熟练地将三阶魔方复原了。在林老师的引导下，我又学会了潘多拉、镜面、移棱、百鸟朝凤等异形魔方以及四阶、五阶等进阶魔方，魔方的千变万化深深吸引了我。

深识魔方，则是缘于爱与分享。

魔方不仅给生活带来了乐趣，更是一份爱的分享与传递。一次小合唱课前，上五年级的园园比其他小朋友早到了半个小时，我便尝试教她魔方，没想到仅用了半个小时，她就学会了三阶魔方的复原。后来她又利用课间教会了别的小朋友，小小的魔方受到了孩子们的喜爱。就这样，合唱班的孩子们在歌唱的空隙学习魔方，由三阶入门到异形魔方，再到二阶魔方盲拧，一路边唱边玩，魔方仿佛成了爱与分享的载体。园园妈妈说孩子学了魔方后思维能力有了明显的提升，数学成绩都有了较大的进步，整个人也自信开朗起来了。

音乐老师爱玩魔方的消息就这样传开了，老年合唱班68岁的学员杨阿姨在一次合唱课后问我："方老师，我的孙子喜欢玩魔方，你能教我玩魔方吗？我学会了可以跟他多一点交流的话题。"于是，我利用合唱课后的时间，为几位老年学员教授魔方。枫叶魔方是这些老年朋友学会的第一个魔方，然后是金字塔、三阶魔方，每一次成功复原时，大家都开心得像个小孩儿，这份快乐也深深地感染了我。我的内心萌生了一个想法：这样老少皆宜，给人带去无限乐趣的魔方玩法，为什么不把它写成书，让更多的人享受这份快乐呢？

将热爱写进书本，我和林老师一拍即合。

于是，除了玩魔方、教魔方，我们又多了一个使命——写出一本易于读懂的魔方书。小英负责文字撰写，我负责制图与排版。从学习软件制作3D配图，到设计一种能让读者每一步都跟着书本操作的排版方式，这个过程本身就像樊登老师解读过的一本书——《跨越不可能》。一本魔方书的诞生需要的不仅是一时的激情，更需要两个人在相互鼓励中不断坚持与突破。历时一年多，我们终于将书编写成型。

书中的配套视频全部由初学魔方的孩子分享，孩子们有的是边唱歌边学会的，有的是在餐桌边用一顿饭的工夫学会的，他们的手法并不成熟，但是魔方给他们带去了无限的欢乐，他们乐于将这份快乐分享给更多的人。

如果你有幸看到这本书，我想告诉你，玩魔方不是机械地记公式和转动，魔方是一种灵感，一种快乐，一种情怀，更是一个故事：一个关于黄奶奶、白宝宝、蓝妈妈的魔方精灵故事……当然，在魔方的小天地中，每个人都可以跨越不可能，成为更好的自己，创造出属于自己的生命故事！

方炜霞

2023年6月

RUBIK'S CUBE

后记 Afterword

那些热爱魔方的人们

本书视频分享者速写

朱宇宸：10岁，一次偶遇，深深地喜欢上了魔方。

吴伊伊：10岁，边唱歌边学会多种魔方。

阮义浩：6岁，和妈妈一起探索魔方的奥秘。

孙雨曈：10岁，喜欢挑战新的魔方。

钱炘辰：9岁，一顿饭工夫学会三阶魔方。

欧杨宇恒：9岁，学习魔方让他更加专注。

付赛红：42岁，阮义浩妈妈，享受陪伴孩子成长的快乐。

爱好者速写

曾　好：6岁，一刻钟就让白宝宝回家啦。

章诗怡：6岁，不仅学得快还多次在班级教魔方。

姜文玺：8岁，走到哪都会带个魔方的男孩。

邵梓航：11岁，学习魔方后，数学思维能力提升了。

韦尔奇：16岁，魔方是他紧张高中生活中的解压神器。

顾　园：13岁，刚学会就能教小伙伴，自信心爆棚啦！

潘沈乐：6岁，半小时学会了三阶魔方，惊呼“魔方真是太简单了”。

王有恒：6岁，两个月自学了二十几种魔方，“有恒校长”在网络平台开课啦！

戚益诚、胡益菡：13岁的哥哥和10岁的妹妹追着老师学魔方，一次就学会了多种魔方。

杨雅芬：68岁，为了和孙子交流而学魔方，不仅找到了无限的乐趣，还大大丰富了退休生活。

许歌航：16岁，本书的试读者，没有任何魔方基础，却在一周内就学会了盲拧。

朱林辙：19岁，作者林小英之子，“玩中学”理念的实践者，担任了本书视频的拍摄和剪辑工作。

最特别速写

小猫瑞比：3岁，作者方炜霞的“二宝”，它趴在书桌上陪伴着本书的诞生。

魔方上的空白方格，等待您来填写，期待您与我们分享更多的魔方故事。

我们的联系方式：微信号gzyxxmf或gzyxxmn；邮箱号103668096@qq.com。